Bayerische Märkte

Herlinde Koelbl

Bayerische Märkte

Hugendubel

Inhalt

Quellennachweis der historischen Dokumente und Bilder. Für die freundliche Genehmigung zur Veröffentlichung danken wir folgenden Archiven, Museen und Verlagen:
Staatsbibliothek Bamberg; Stadtarchiv Bamberg; Stadtmuseum Regensburg; Echter Verlag Würzburg; Bruckmann Verlag München; Stadtarchiv München; Stadtarchiv Coburg; Gemeindeverwaltung Paning, Stadtarchiv Cham; Stadtarchiv Passau.

Gestaltung und Produktion Gorbach GmbH, Gauting/
Maximiliane Eibl
Satz Josef Fink GmbH, München
Gesamtherstellung Librex S. p. A., Milano
Printed in Italy
ISBN 3-88 034-031-5

Über Charakter und Geschichte der Märkte

»Markt. Dieses heisset derjenige öffentliche geraume Platz, der etwan mit zierlichen Gebäuden umgeben, oder mit Schränken eingefasset, und wo man zu gewissen Zeiten allerley Victualien und andere Waaren zum Verkauff darstellet. Sonst verstehet man auch öffters das Kauffen und Verkauffen selbst darunter, welches im Lateinischen ›Mercatus‹ heisset, und eine bestimmte Zeit anzeiget, da an einem gewissen, bequemen Orte etwas zu Kauff gestellet wird. Der Markt stehet iedermann offen, seiner Nothdurfft darauf sich zu erholen.« So definiert das 65bändige »Große vollständige Universal-Lexikon« J. H. Zedlers von 1739 den Begriff Markt. Wir mit der notorischen Gründlichkeit des 20. Jahrhunderts tun uns da schon etwas härter. Zunächst muß einmal erwähnt werden, welche Bedeutungen des Begriffs hier nicht zur Debatte stehen: weder der »Markt« im modernen Sinne, den etwa die Marktforschung abtastet, noch der »Markt« als Siedlungsform im Gegensatz zu Dorf und Stadt, noch der »Markt« als Marktplatz.

Es geht hier um den Markt in seiner ursprünglichsten Form, um den Wochen- und Jahrmarkt, »Veranstaltungen, durch welche Käufern und Verkäufern Gelegenheit geboten wird, sich zu bestimmter Zeit an bestimmtem Ort zu treffen«. Dabei unterscheiden sich Wochen- und Jahrmarkt nicht nur vom zeitlichen Faktor her, sondern ganz prinzipiell voneinander, sowohl was das Warenangebot angeht, als auch in Bezug auf Produzenten, Händler und Abnehmer dieser Waren. Auf dem Wochenmarkt kaufen die Städter Lebensmittel, die meist von den Bauern des Umlandes selbst, z. T. auch von kleinen Händlern angeboten werden. Der Wochenmarkt ist also der »Viktualienmarkt«, der »Grüne Markt«, auf dem Gemüse und Obst, Eier und Blumen »feilen Kauffs dargestellet« werden.

Im Gegensatz dazu sind beim Jahrmarkt die Bauern nicht die Produzenten und Verkäufer, sondern das Gros der Konsumenten. Der Jahrmarkt bietet hauptsächlich gewerbliche Erzeugnisse an, von Fernhändlern gebrachte oder von einheimischen Handwerkern für den Verkauf vorgearbeitete Waren. Er findet alljährlich an bestimmten Tagen statt und zwar zweckmäßigerweise dann, wenn an einem bestimmten Ort sowieso viele Menschen zusammenkommen. Im Mittelalter war das bevorzugt bei kirchlichen Festen der Fall. Deshalb wurden Jahrmarkt und Kirchweih, Dult (von »indultum«, Ablaß, der an Heiligenfesten gewährt wurde) und Messe (was sich allerdings spezialisiert hat auf Verkaufstreffen von Großhändlern) zu synonymen Begriffen. Je nach der Größe und der zentralen Bedeutung des Ortes, wo der Jahrmarkt stattfand, steigerte sich die Spezialisierung des Warenangebotes. In den Registern der Auer Dult, die in diesem Buch als Beispiel für einen der großen Jahrmärkte steht, werden 1796 aufgezählt: »Silber- und Eisengeschmeidehändler, Huter und Federschmucker, Beutler, Taschner, Nestler, Gürtler und Säckler, Sporer, Plattner, Schwertfeger und Messerer, Knopf- und Bortenmacher, Beinringler und Kammacher, Rosenkranzhändler und Agnus-Dei-Krämer, Kreuzlgiesser, Brieflmaler, Buchhändler und Buchbinder, Glaser, Riemer, Sattler, Schuster, Schneider, Seifensieder und Kerzengiesser«.

Natürlich war so ein Jahrmarkt nicht nur eine ernste Angelegenheit. Die Seele war nach Beichte und Ablaß wieder sauber, ein gutes Geschäft hatte man auch gemacht – also auf in's Vergnügen! Deshalb lockten die Jahrmärkte auch ein Heer von Schaustellern an, die »Gaukler, Bildermänner, Taschenspieler, Fechter, Seiltänzer, Leyerinnen und Luftspringer, Menageriebesitzer, Musikanten, Saiten- und Lautenspieler, Komödianten und Marionettenspieler«, aber auch die »Zahnbrecher und Steinschneider, Okultisten, Bruchschneider, Waldmänner, Wurzenkramer, Quacksalber und Oelmacher, Wasserdestillierer, Purgierzeltel- und Pul-

Bamberger Wochenmarkt um die Jahrhundertwende

vermacher«, auf daß allen leiblichen und seelischen Nöten in einem Aufwasch abgeholfen werden konnte. Neben dieser Vielfalt wirken unsere heutigen Jahrmärkte, von denen das Warenangebot fast ganz verschwunden und nur noch der »Vergnügungsteil«, der Rummel geblieben ist, fast armselig, trotz Autoscooter und Riesenachterbahnen.

Neben dem Wochen- und dem Jahrmarkt haben sich schließlich noch eine Reihe sogenannter Spezialmärkte entwickelt. Auf ihnen wird jeweils nur ein bestimmtes Produkt gehandelt. Sie stellen das Hauptkontingent dieses Buches, ihrer Besonderheit wegen und vielleicht auch, weil sie am gefährdetsten sind, am ehesten vom Aussterben bedroht. Neben den auch heute noch häufigen Vieh-, Ferkel- und Saatfruchtmärkten gibt oder gab es Garn-, Woll- und Leinwandmärkte, Haferl-, Holz- und Wachsmärkte, Hopfen-, Kraut- und Obstbaumärkte, Zwiebel-, Fisch- und Honigmärkte und noch viele andere, teils einmalige, wie den Nürnberger Christkindlesmarkt mit Spielsachen und Zwetschgenmanderln. Der Termin des jeweiligen Marktes ergibt sich meist aus den Produktionsbedingungen, der Ernte, der Schafschur, z.T. auch aus der Nachfrage: Der Fischmarkt in Bamberg z.B. findet am Karfreitag statt.

Wenn man die Entstehung und historische

Marché de Noël   Der Christmarkt.   Christmas Fair

Entwicklung der Märkte in Deutschland verfolgt, wird einem sehr deutlich: daß nämlich der Markt einer der primären Faktoren jeder Stadtentwicklung war, daß Markt und die Entstehung urbanen Lebens im engsten Zusammenhang stehen. An welchem Platz ein Markt entstand, hing von räumlich und zeitlich differenzierten Voraussetzungen ab.

Da sind zunächst u.a. längs von Rhein und Donau, die alten Römerstädte. Auch nach dem Abzug der Römer hielt man im Schutz ihrer Mauern, wenn auch reduziert, Märkte ab.

Ganz anders sah die Situation im rechtsrheinischen Germanien aus: Es gab nur wenige Straßen, sie waren unsicher, die Kaufleute, die ursprünglich Hausierhandel trieben, reisten fast immer in Karawanen. Sie brauchten Rastorte, Stapelplätze für ihre Waren. So entstanden die sog. »Wike«, die, wie aus Friedhofsuntersuchungen hervorgeht, nach einiger Zeit nicht mehr nur periodisch, sondern ständig bewohnt waren. Hier entstand natürlich Marktverkehr: Hierher kamen die Bewohner der Umgegend, um einzukaufen, hier trafen sich Kaufleute auf der Durchreise, um Waren zu tauschen. Doch die meisten dieser Wike sind untergegangen. In den Wirren der Karolingerzeit, bei den Raubzügen der Wikinger und Ungarn wurden sie, reich und ungeschützt, wie sie waren, natürlich besonders gern angegriffen. Deshalb ging man dazu über, diese Kaufmannsniederlassungen möglichst in den Schutz von Burgen zu verlegen. Die Wike waren nie besonders zahlreich; sie waren hauptsächlich Stationen des Fernhandels mit Luxusartikeln: Wein und Glas, Waffen, Pelze und Sklaven.

Im 10. und 11. Jahrhundert änderten sich Charakter und Zahl der Märkte. Hintergrund dieser Entwicklung waren politische und agrarwirtschaftliche Veränderungen: In ganz Europa stabilisierten sich die Herrschaftsverhältnisse, was z.B. geordnetes Rechtswesen, Sicherheit der Straßen u.ä. im Gefolge hatte. Auf der anderen Seite wuchs das Bedürfnis nach Märkten, denn die Bevölkerung hatte zugenommen und durch bessere Erträge in der Landwirtschaft, die durch vermehrte Rodung des Waldes, der damals ja noch fast ganz Europa dicht überzog, durch bessere Geräte, Pflug und Egge und durch den Übergang zur Dreifelderwirtschaft zustandekamen – durch diese Erträge lebte die Bevölkerung nicht mehr ständig am Rande der Hungersnot, sondern konnte, zumindest in guten Jahren, Überschüsse er-

Krauterermarkt am Domplatz in Regensburg

wirtschaften. Nicht mehr vorwiegend der Luxusbedarf der zahlenmäßig kleinen Oberschicht – Adel und Klerus – trug den Handel. Die allmählich sich bessernde Lage der bäuerlichen Hintersassen vermehrte den wirtschaftlichen Austausch zwischen Stadt und Land, führte also zu einer Vermehrung der Märkte.

Mit der steigenden wirtschaftlichen Bedeutung der Märkte entwickelte sich für sie auch ein eigenes Recht. Nicht jeder konnte, wo und wann er wollte, einen Markt abhalten. Das ›Marktregal‹ war das Recht des Königs, die Gründung eines Marktes zu gestatten oder, wenn er wild entstanden war, was anfangs vereinzelt vorkam, ihn zu bestätigen, gegen entsprechende Abgaben, versteht sich. Dafür gewährte der König den ›Marktfrieden‹, den Schutz aller derer, die den Markt besuchten, während ihres Aufenthalts und auf Hin- und Rückreise. Daneben hatte jeder Markt seine eigenen Bestimmungen, die sich auf Marktpolizei, Abgaben, die Aufstellung der Verkaufsbuden, Maße und Gewichte u.ä. bezogen.

Die reichen Abgaben der Märkte hat der König häufig verliehen an seine weltlichen und kirchlichen Helfer, die Adeligen, die Bischöfe, die Klöster. Und als sich herumgesprochen hatte, welch große Geldeinnahmen die Märkte brachten, setzte die letzte Phase der Marktentstehung ein: die bewußte Gründung von Städten, mit dem Markt als zentralem wirtschaftlichen Faktor, durch König, Bischöfe und Adelige, u.a. im 12. und 13. Jahrhundert.

Wie aus einer Untersuchung der Marktverleihungen in Oberfranken vom 12.–20. Jahrhundert hervorgeht, stieg die Zahl der Märkte nach diesem »Stadt- und Marktgründungsfieber« des Hochmittelalters erst im 18. und 19. Jahrhundert wieder sprunghaft an. Wichtigster Grund dafür war wieder der wirtschaftliche, wie eine Eingabe des Marktes Rottenbuch an die Regierung von Niederbayern zeigt: »So liegt es sowohl in der Natur der Sache als auch im Interesse der hiesigen Gewerbetreibenden, alle diejenigen Mittel zu ergreifen, welche zur Hebung der gewerblichen Geschäftsverhältnisse dahier beitragen.

Daß nun in dieser letzteren Beziehung durch die Einführung des beabsichtigten Fastenmarktes viel erreicht werden würde, steht wohl außer Zweifel, da erstens der Zudrang und die Anhäufung von Landvolk bei solcher Gelegenheit ein wohl nennenswerter ist, und zweitens jede marktbesuchende Person zehrt und infolge des gegenseitigen Treffens der Marktbesucher untereinander sowohl als auch der hiesigen Geschäftsleute Käufe und Verkäufe abgeschlossen, Bestellungen gemacht und Geschäftsverbindungen angeknüpft werden.«

Die Dult.

Viktualienmarkt im Jahre 1824 in München

Die Bemühungen der Bürgermeister und Magistrate um Wieder- und Neuverleihungen von Jahrmärkten für ihre Orte scheiterte oft am Einspruch der Sicherheitsbehörden und u.a. der Kirche, der »sittlichen Exzesse« wegen, die vorkamen, weil »solche Markttage ... gewöhnlich noch durch jede Art von Lustbarkeit anzüglich gemacht, Sonn- und Feiertage überdies durch freche Lieder, durch unmäßigen Tanz, durch Spiele und vorzüglich durch Saufen und Raufen entweiht werden.«, weil »aller Pickelherings Zoten und Possen, durch welche der Heil. Geist betrübet, die Jugend geärgert und viel schandbares denen Augen und Herzen der müssigen Zuschauer eingepflanzet wird«, sich trotz »Verbote bey hoher Straff« sich einfach nicht unterdrücken ließen.

Die Bedeutung der Märkte sinkt überall dort, wo sich der Käufer ohne große Schwierigkeiten auf andere Weise über Warenangebot und Preise informieren kann. In unserer Zeit des differenzierten Einzelhandels, der Versandhauskataloge und der Supermärkte ist der Jahrmarkt als Warenmarkt fast ausgestorben. Erstaunlicherweise aber erhielt sich die Attraktivität des Wochenmarktes, ja steigt seit einiger Zeit sogar wieder. Ich glaube, der Grund dafür könnte folgender sein: Dem Super-Markt fehlt ein wichtiges Element der alten Märkte, etwas, das aus unserer auf Nützlichkeit orientierten Zeit mehr und mehr verbannt wurde und dessen Fehlen offenbar immer mehr Menschen bewußt und schmerzlich wird: der Kontakt zum Mitmenschen, das Gespräch, das Eingefügtsein in das Bewußtsein eines anderen, das »Grüß Gott, Frau Nachbarin« und das »Ham's scho ghört?« Insofern ist der Verlust der Märkte auch ein Verlust an sozialem Leben.

Dieses Buch hat sehr viel von der Atmosphäre dieses menschlichen Miteinander, auch wenn es manchmal ein Gegeneinander im Handeln und Granteln ist, eingefangen.

Karin Dengler-Schreiber
Bamberg, im Januar 1979

Taubenmarkt in Wasserburg am Inn

Am »Blasitag«, 3. Februar
Greinbräuhof in Wasserburg am Inn
Zuchttauben, ohne Brieftauben
Wahrscheinlich seit 1878

Der »größte Taubenmarkt der Welt«, wie ihn die Wasserburger Zeitung 1977 nannte, hat aufgrund seiner langen Tradition überörtliche Bedeutung erlangt. Er wird gleichermaßen von Taubenzüchtern und Taubenliebhabern (»Taubenlackln«) des In- und benachbarten Auslandes besucht.
Zu sehen sind alle nur denkbaren Taubenrassen und -kreuzungen in verschiedensten Farbschattierungen. Neben Tauben werden auch verschiedene andere Kleintierarten angeboten, wie Pfaue, Perlhühner, Hähne, Enten, Gänse, Wellensittiche, Kaninchen usw. 1977 standen über 20000 Zuchttauben zum Verkauf, von denen etwa ein Drittel ihren Besitzer wechselten, zu Preisen zwischen zwei und einhundertfünfzig Mark.
Nicht vertreten ist in Wasserburg die Sparte der »Brieftauben« (Reisetauben).
Auf dem Wasserburger Taubenmarkt werden den Händlern die Standplätze nicht zugewiesen. So gilt hier die Devise, wer zuerst kommt, mahlt zuerst. Deshalb reisen die Taubenhändler schon am Vortag oder in der Nacht an. Der »Greinbräu« hat sich auf diese Situation in der kalten Jahreszeit eingestellt, schon um fünf Uhr früh ist dort geöffnet. Ein Stamperl Schnaps zum Aufwärmen und ein kräftiges Frühstück, wie »Lunge mit Knödel« wird von den Händlern und den ersten Besuchern besonders geschätzt.
Auf dem Marktgelände im Greinbräuhof herrscht beängstigendes Gedränge. Die Wurstbuden und Glühweinstände sind stets umlagert. Wenn sich am Nachmittag die Stände leeren, können auch Schlachttauben erstanden werden.

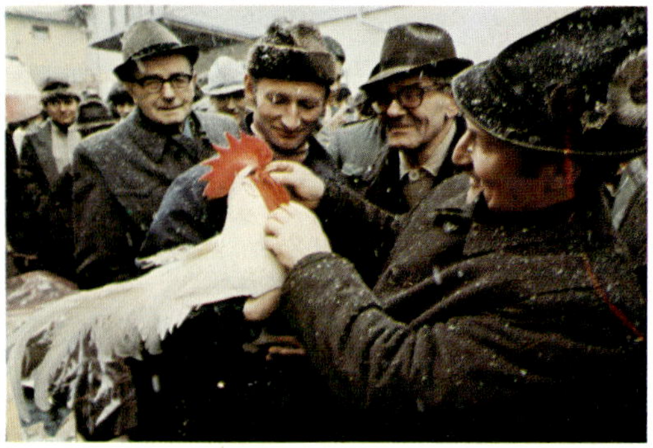

Zuchtschafmarkt in Ansbach

März

Ansbach, Rezardhalle

Zuchtschafböcke (Merino-Landschafe und Schwarzköpfige Fleischschafe)

in Bayern seit 1881

Im Altertum beruhte der Reichtum der Völker auf dem Besitz von möglichst vielen Schafherden. Im Mittelalter stellte die Schafhaltung eine der bedeutsamsten Faktoren für Gewerbe und Handel dar (Zünfte der Tuchmacher und Loderer).
Die Kurfürsten Maximilian I und Max Emanuel sowie die Markgrafen von Ansbach-Bayreuth suchten durch Weidegesetze, Ausfuhrverbote bzw. Einfuhrerleichterungen für edle Schafe sowie durch Anlegung großer Schäfereien auf eigenen Schafhöfen und Schwaigen, die Schafzucht und damit die Wohlfahrt ihres Landes zu fördern. Im 18. und in der ersten Hälfte des 19. Jahrhunderts war ihre volkswirtschaftliche und landwirtschaftliche Bedeutung größer als die der Rinderzucht. Deutschland zählte zu den bedeutendsten Wollausfuhrländern der Welt. Durch große Mengen importierter billiger Wolle sank die Wirtschaftlichkeit. Somit trat ein starker Rückgang in der Schafhaltung ein. In Bayern gab es 1977 noch 267071 Schafe.
Der erste »Zuchtwiddermarkt« fand in Bayern am 18. März 1881 in Augsburg statt. Bis zu diesem Zeitpunkt gab es nur die Form des freien Handels auf Hof und Pferch.
Im Mai 1876 wurde in Schweinfurt die »Erste Landes-Schafschau« mit ca. 800 Schafen abgehalten. 1918 schlossen sich die Schafhalter zusammen und gründeten den Landesverband der Bayerischen Schafzüchter. Heute wird der Schafhandel fast ausschließlich von den regionalen Schafzuchtverbänden in Form von Versteigerungen durchgeführt. Zuvor werden die Tiere gekört, das heißt, in ihrer Qualität nach verschiedenen Kriterien beurteilt.

Das Tierzuchtgesetz besagt, daß zum Decken weiblicher Zuchttiere nur gekörte Vatertiere verwendet werden dürfen. Zur Körung können nur Jungböcke von ins Herdebuch eingetragenen Elterntieren, die eine bestimmte Leistung erbringen müssen, vorgestellt werden.

Abbildung oben
Aus »Fuhrmann, 200 Jahre Wollhandel 1735–1935«

Abbildung unten
Das Woll Magazin. Aus »100 Jahre Kammgarnspinnerei Schedewitz 1835–1935«

Der staatliche Körausschuß, der sich aus einem Tierzuchtbeamten des höheren Dienstes, einem Veterinärbeamten und aus drei praktischen Schafhaltern zusammensetzt, beurteilt die Tiere nach folgenden Kriterien:

Abstammung: Leistung der Elterntiere
Eigenleistung: Gewicht, Alter, evtl. Futterverwertung
Äußeres Erscheinungsbild: Wolle – Feinheit, Länge, Ausgeglichenheit
Die Körentscheidung kann lauten: Gekört, nicht gekört oder vorläufig nicht gekört
Gekört: Der Zuchtbock kann in der Landestierzucht uneingeschränkt eingesetzt werden. Diese Entscheidung gilt auf Lebenszeit des Tieres.

Nicht gekört: Der Jungbock genügt in den Abstammungsleistungen seiner Elterntiere nicht den Anforderungen oder zeigt einen derart groben Mangel, der eine Körung nicht rechtfertigt. Z.B. Gebißanomalien oder Extremitätenmängel, die vererbbar sind.
Vorläufig nicht gekört: Der zur Körung vorgestellte Bock zeigt einen Mangel, der eine Körung nicht zuläßt, von dem jedoch anzunehmen ist, daß im Laufe der Zeit eine Besserung eintritt. Der Bock muß dann einer erneuten Körung zugeführt werden.

Die Körentscheidung wird in die Abstammungspapiere des Zuchtbockes eingetragen. Sie gehen nach erfolgtem Besitzwechsel an den Käufer des Bockes über.

20

Honigmarkt in Bamberg

Alljährlich am Faschingsdienstag

Auf dem Maxplatz in Bamberg

Einheimische Honigsorten

1873 urkundlich erwähnt – wahrscheinlich älter

Einmal im Jahr, immer am »Fasenachtsdienstag«, findet in Bamberg der Honigmarkt statt. Mit Gläsern und Kannen kommen die Hausfrauen, um sich Sommerblüten- oder Lindenblütenhonig oder Honig aus Fichtentracht, nach vorheriger Kostprobe, abfüllen zu lassen. Auch in Gläsern abgefüllter Honig wird zum Verkauf angeboten. Doch heute noch bevorzugen die Käuferinnen den an Ort und Stelle eingefüllten Honig. Schon 1912 wird angestrebt, »den löffelweisen Verkauf von Honig oder den Verkauf in offenen Geschirren« zu verbieten! Die Marktkommission aber beschließt am 7. Juni 1912 »Durch die Abgabe von Honig aus offenen Gefäßen sei den kleinen Leuten die Möglichkeit gegeben, den Honig in ganz geringen Mengen kaufen zu können«. Der Verkauf wird beibehalten. Die Kommission weist die Aufsichtsorgane an »dafür Sorge zu tragen, daß die zum Markt gebrachten Gefäße, Löffel etc. peinlichst sauber sind und daß das Abstreifen des Honigs mit dem Finger hintangehalten wird«. Daß der löffelweise Verkauf für die ärmere Bevölkerungsschicht wichtig war, beweist die Preisangabe aus einem Marktbericht von 1912. »Das Pfund Honig kostet 1 Mark, die Löffelportion 10 Pfennig.«

Oft ging es in den alten Protokollen auch darum, daß nur reiner Bienenhonig »inländischer Herkunft« verkauft werden sollte. Unter Ausland verstand man im Jahre 1912 auch Thüringen. Auch wird 1909 Klage geführt über »den Handel mit Kunsthonig sowie gefälschtem Honig«, dadurch habe »das gute Renommee des Honigmarktes dahier und auswärts bereits sehr gelitten«.

Auch allerlei Unfug wurde auf dem Honigmarkt getrieben. So war es früher bei den Bamberger Buben üblich, mit einem »Kreuzälaabla« ausgerüstet, sich auf den Honigmarkt zu begeben, und dieses mit einem »Ko fei nix dafüü« in den Honigtopf fallen zu lassen. So eroberte man »umeinsünst« ein über und über mit Honig gefülltes Weckla.

Der Bamberger Honigmarkt wurde nachweisbar seit 1873 abgehalten. Für die Jahre 1918–1928 fehlt jedoch ein Nachweis. Von 1942–1949 in den Kriegs- und Nachkriegsjahren fiel der Honigmarkt aus.

Die Fränkische Tagespresse räumte 1950 dem »Wiederaufleben« des Honigmarktes mit mehreren Artikeln breiten Raum ein. Doch schon 1959 schreibt der »Fränkische Tag«: »Der Honigmarkt wird immer kleiner und das »Bamberger Volksblatt« meldet: »Seine Bedeutung nimmt ab, aber er ist noch nicht überlebt.« Die größte angebotene Menge gab es im Jahre 1904 mit 4103 Pfund Honig, 1978 wurden 1200 Pfund angeliefert. Trotz kleiner wirtschaftlicher Bedeutung lieben die Bamberger ihren Honigmarkt, da dort das einheimische Produkt unmittelbar angeboten wird.

Text des historischen Dokuments (Auszug)

Weichendorf, den 20. Februar 1873

»Den Hönigmarkt in Bamberg btrfd.«

Königliches Bezirksamt!

Wie bekannt, wird alljährlich am Fastnachtsdienstag in der Stadt Bamberg ein Hönigmarkt abgehalten.

Derselbe wird aber zu allerlei Unfug benützt, indem den jungen Leuten mit den Consumenten jeder Spott erlaubt ist. Dieselben tauchen die Hand in das Höniggefäß, oder thun mit Brod / Wecken / das gleiche, und gehen davon, andere werfen die Mützen / Kappen / hinein. etc. etc.

Der Markt würde von Seite der Verkäufer viel besser besucht werden, wen die Consumenten mehr Schutz fänden, den eine Person allein, ohne einen Begleiter, kann unter solchen Verhältnißen nicht zu Markte kommen.

Auf den Wunsch sämtlicher Bienenzüchter in hiesiger Umgegend erlaubt man sich die gehors:(amste) Bitte zu stellen:

»Kgl: Bezirksamt Bamberg wolle wohlgewogenst sich darum verwenden, daß den oben angegebenen Uebelständen auf den Honigmarkte zu Bamberg soviel als möglich abgeholfen werde.«

Eines kgl. Bezirksamts gehors:(amste) Gemeindeverwaltung

präs. Magistrat Bamberg Georg Baumgärtner

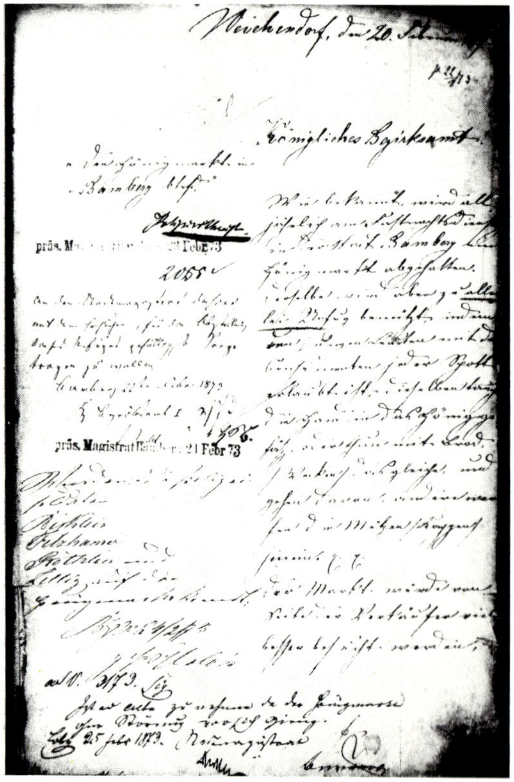

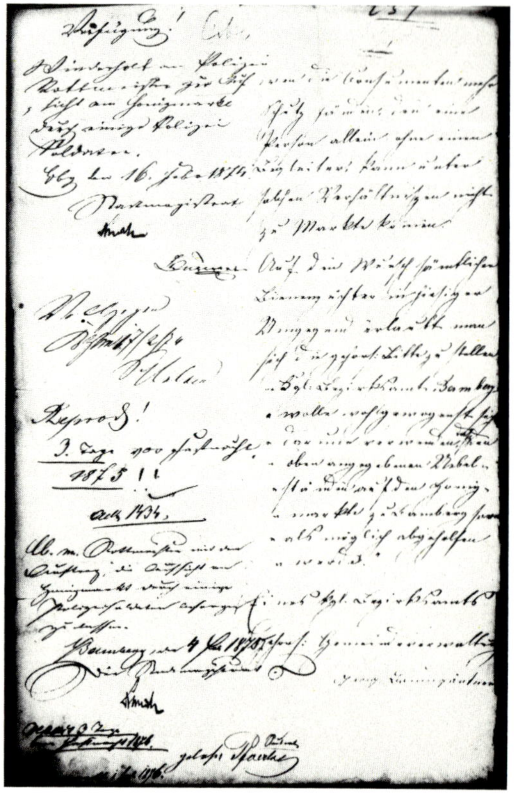

HONIG
HONIG

theke der Natur
HONIG
der Gesundheit
zuliebe
Nur echter Deutscher Bienenhonig muss es
ch Einheitsglas und Ge-
tschen Imkerbundes!
Honig
NESTLE

HONIG

Mittefastenmarkt in Bamberg

In der Mitte der Fastenzeit – Freitag und Samstag –

Grüner Markt in Bamberg

Bäuerliches Gerät, Korbwaren, Sämereien

1862 urkundlich erwähnt – mit Sicherheit älter

»Mittefastenmarkt« – weil er in die Mitte der Fastenzeit fällt – ist immer noch ein Stück gelebter fränkischer Brauch. Erzeugnisse aus Jura und Steigerwald, wie Holzrechen, Axtstiele, Heugabeln, Reisigbesen, Holzstangen, Leitern, Körbe und andere landwirtschaftliche Geräte werden in großen Mengen angeboten. Aber auch Sämereien, Steckzwiebeln werden heute noch von den fränkischen Marktfrauen im Litermaß verkauft.
Beim Mittefastenmarkt handelt es sich wahrscheinlich um ein sehr altes Herkommen. Im Gerichtsbuch der Stadt Bamberg ist 1407 vermerkt: »Ein Ehepaar Ziegler schulden Clas Lorper und seinen Erben hundert Gulden«, als letzter der drei Zahlungstermine ist genannt »Mitt-Fasten«. Dieser Zinstermin ist in dem Band noch öfter genannt, daraus ist zu schließen, daß dieser Mittefastentag auch Markttag war. Den Mittelpunkt der Fastenzeit bildete das volkstümliche, weltliche und kirchliche Begehen des Laetare-Sommer-Tages. Traurige Bußansprachen wichen an diesem Tag heiter gestimmten Predigten. Das Volk des Umlandes strömte in die Stadt, um seinen Bedarf für die Feldbestellung zu decken. Der Stadtrat hielt sein Laetare-Mahl und vor allem galt der Tag in den Kirchen als Hauptbeichttag. So wurden geschäftliche und kirchliche Interessen geschickt miteinander verbunden.
Der Mittefastenmarkt war schon immer für Stadt und Land ein großer wirtschaftlicher Faktor. Viele Einkäufe wurden auf diesen Tag aufgespart.
1862 ist in einer Bekanntmachung des Stadtmagistrats davon die Rede, daß »der erste Schafmarkt, der Zuchtstiermarkt und der Samentauschmarkt in diesem Jahr mit dem

VOLKSBANK

herkömmlichen Mittefastenmarkt, der auf Samstag, den 29. März – Samstag vor Laetare-Sonntag – fällt, abgehalten werden«. Später wurde auch ein Taubenmarkt angegliedert. Der Samenmarkt durfte nur mit Gartengewächsen beschickt werden, Getreide und Kartoffeln mußten wegfallen. 1876 wurde das Warenangebot auch auf Obstbäume ausgedehnt. Im vergangenen Jahrhundert nahmen die Karrenbäcker beim Mittefastenmarkt eine besondere Stellung ein. Aus dem Jahre 1893 besagt eine Anordnung, »daß die Karrenbecken ihr Brod« auf dem Maxplatz verkaufen dürfen, aber nicht in der Kapuzinerstraße, da an diesem Tage der »Mittefastenviktualienmarkt« abgehalten werde.

Zeitweise wurden auch Hülsenfrüchte, vorwiegend Erbsen und Linsen, feilgeboten. Landwirtschaftliche Geräte wurden – um 1894 herum – vorwiegend auf der Promenade, zum größten Teil im Tambosigarten verkauft. Während sich die Korbhändler und Karrenbäcker auf dem Maxplatz ausgebreitet hatten.

Um die Jahrhundertwende bekam der Markt ein anderes Gesicht. Es gab mehr Tauben und Obstbäume zu kaufen – auch ein Kaninchenmarkt wurde eingeführt. Das Warenangebot erweiterte sich auf Seilerwaren, Pferde- und Kuhgeschirre, Blechgefäße, Spielwaren und auch Händler mit Stoffen und Kleidern tauchten auf. Billige Jaköbe und Jahrmarktsneuheitenschreier priesen ihre Ware an.

Auch heute noch hat der Mittefastenmarkt wirtschaftliche Bedeutung, obgleich die Versorgung mit Gerät und Gebrauchswaren zunehmend über andere Handelswege geschieht.

SINGER

Hartmann
WMF
HUBERTUSMÖBEL

Fischmarkt in Bamberg

Gründonnerstag, 23. und 24. Dezember, Silvester

Am Kranen in Bamberg

Karpfen und Flußfische

Urkundlich 1479 erwähnt

Die alte Tradition des Bamberger Fischmarktes wird heute nur noch von einer Familie gehalten. Diesem alten Brauch folgen die Bamberger gerne, wenn zu den Festtagen der einheimische Fisch, vorwiegend Karpfen, aber auch Flußfische, angeboten werden.
Der Fischmarkt hat seine ursprüngliche Bedeutung verloren. Der Fischverkauf war früher Haupteinnahmequelle für die Fischer von Regnitz und Main. Durch die Gewässerverschmutzung fiel der Fischbestand in diesen Flüssen sehr stark ab. So verloren die Fischer ihre Existenz.
Die früheste bekannte urkundliche Erwähnung des Fischmarktes findet sich in einer Stadtbauhofrechnung von 1479. Dort wird festgehalten, daß »Am Sunntag nach Lynhardi Kunzen Geyrecken für ein Lon von 18 Pfennig hat den alten Fischmarkt an der untern Brucken helffen abbrechen ....«.
Es war ohne spezielle Erlaubnis verboten, »einige Fisch hinweg zu führen«, denn die Obrigkeit achtete streng darauf, daß »die gemeine Stadt und Innwohner nothdürftig versehen bleiben mögen«.
Über Jahrhunderte schon wird der Fischmarkt am gleichen Platz, dem Kranen, abgehalten. 1831 schreibt Josef Heller: »Der Fischmarkt findet von den hiesigen Fischern an den Freitagen und anderen Festtagen zunächst bei dem Kranich an der Fischgasse, und von Auswärtigen aber auf dem Kaulberg bei der oberen Pfarrkirche und bei der Dominikanerkirche unweit der unteren Brücke statt.«

Tax,

Nach welchem das dörre Fischwerk und Fasten-Speiß, bey 5. fl. unnachläßiger Straf verkauft, sodann, nach Beschaffenheit der Sach, verneuret werden solle.

Cöllnischer Stockfisch, das Pfund	24. Pfen.
Bremer Dito	23. Pfen.
Rotscher	18. Pfen.
Lax, so neu und frisch ist	12. Kreuz.
Cöllnischer Laperthon	9. Kreuz.
Bremer Dito neuer und frischer	28. Pfen.
Gesalzene Hecht deren dritthalb pfündigen und darüber, das Pfund	32. Pfen.
deren zwey-pfündigen und darunter	28. Pfen.
Bremer Bricken, das Pfund	28. Kreuz.
die schlechtere Limburger Bricken	24. Kreuz.
Hering, das Stuck auf	8. bis 9. Pfen.
Flach-Fisch, das Pfund	6. bis 7. Pfen.
Halb-Fisch Hamburger, das Stuck pro	5. bis 6. Pfen.
Bremer Halb-Fisch, das Stuck	4. bis 5. Pfen.
Bickling, das Stuck	8. bis 9. Pfen.
Embder Käß, das Pfund	40. Pfen.
Frießländer Käß, das Pfund	30. Pfen.
Provencer Baum-Oel, das Pfund	16. Kreuz.
Sevilisches Baum-Oel, das Pfund von Besten	13. Kreuz.
schlechteresdas Pfund.	12. Kreuz.

WOrbey von Hoher Obrigkeit, bey obangesezter Straf specialiter gebotten und verbotten wird, daß sich kein Kauf- und Handelsmann oder Pfragner unterstehen solle, ohne speciale hierzu ausgebrachte Erlaubnus oder vorherige Visitation, einige dörre Fischwerck oder Fasten-Speiß ausser denen Hochfürstlichen-Bambergischen Landen zu verführen oder führen zu lassen, damit die Provision beybehalten, die Gemeine Stadt und Innwohner nothdürfftig versehen bleiben mögen: Worüber das Vice Dom-Amts-Gericht, dann Burgermeistere und Rath dahier festiglich zu halten, und sonderheitlich die Marck-Meistere darob und bevorab auf richtiges Gewicht genaue Obsicht zu tragen, und gegen die Ubertrettere ohne einige Reflexion, Eingangs bemerckte Straf deren 5. fl. zu exequiren, bey welchen Tax es bis auf anderweite Hochfürstliche Regirungs-Verordnung zu verbleiben hat. Decretum Bamberg den 28. Februarii 1754.

L.S.

FLAGGE

»Klein Venedig« nennen die Bamberger die Häuser an der Regnitz; sie sind direkt am Wasser gebaut und ihre Vorgärten grenzen an den Fluß. Ein solches Haus bewohnt die Familie Kropf. Sie ist die letzte der einstmals zahlreichen Fischereifamilien, in der die Tradition der Regnitzfischer bis heute erhalten blieb.
Natürlich stammen heute nicht mehr alle Fische, die auf dem Fischmarkt angeboten sind, aus dem anliegenden Fluß. Oberfranken ist wegen seiner vielen Karpfenteiche berühmt und jeder Kenner weiß, daß in den Monaten mit einem »R« besondere lukullische Genüsse auf den Besucher warten.
Der jährlich dreimalige Fischmarkt bietet ein buntes Bild: Die lebend angebotenen Fische werden vom Käufer ausgesucht, gewogen, vom Händler mit einem Holzscheit fachgerecht betäubt, zerlegt, ausgenommen und verpackt.

Auer Dult in München

Mai Dult, Ende April/Anfang Mai

Jakobi Dult, Ende Juli

Herbst Dult, letzte Oktoberwoche

München, Mariahilfplatz

Antiquitäten, Geschirr, Textilien, Neuheiten

Seit 1796 in der Au

Das schon von Ulfilas im 4. Jahrhundert gebrauchte und noch heute in ganz Bayern gebräuchliche Wort »Dult« bedeutete Kirchenfest. Der Dultmarkt war also der dabei abgehaltene Jahrmarkt, schreibt Dr. Fridolin Solleder in »München im Mittelalter«.

1795 bittet die Gemeinde Au um Bewilligung zweier Jahrmärkte, die auch 1796 von Kurfürst Karl Theodor erteilt wurde. Über die jährlich zweimal stattfindende Dult mußte jeweils Bericht erstattet werden. Später ist auch von dabei abgehaltenen Viehmärkten die Rede. Auch Beschwerden der Anlieger sind notiert und Überlegungen, an welchem Platz der Markt noch abgehalten werden könnte.

Die älteste Münchner Dult ist die Jakobidult. Sie fällt mit der Entstehung der Jakobskirche zusammen. Dr. Fridolin Solleder schreibt: »Spätestens ist das Entstehungsjahr der Dult das Jahr 1257« und zitiert auch eine der ältesten erhaltenen Ratssitzungen von 1310. Dort wird angeordnet, daß Kürschner, Krämer und Handwerker, Fremde und Bürger »am rechten Jahrmarkt« oder am »rechten Dultmarkt«, das war Jakobitag und der Tag vor und nachher, am Anger Pelzwerk, Schnitt- und Kramwaren feilhalten dürfen.

Die Dult wurde immer mehr ein gesellschaftliches Ereignis, aber vor allem ein wichtiges Zentrum für den Warenhandel. Fremde Handwerker und Händler durften während des Jahres ihre Waren nicht in der Stadt anbieten, eine Ausnahme bildeten die drei Tage um Jakobi.

Aus einigen Dultstandsregistern ist die Vielfalt der Händler zu ersehen. Vertreten waren »Silber und Eisengeschmeidehändler, Huter und Federschmucker, Beutler, Taschner, Nestler, Gürtler und Säckler, Sporer, Plattner, Schwertfeger und Messerer, Knopf- und Bortenmacher, Beinringler und Kammacher, Rosenkranzhändler und Agnus-Dei-Krämer, Kreuzlgiesser, Brieflmaler, Buchhändler und Buchbinder, Glaser, Riemer, Sattler, Schuster, Schneider, Seifensieder und Kerzengiesser, Saiten- und Lautenmacher.

Auch ein Heer von Vaganten und Wunderärzten zog die Jakobidult an, »Zahnbrecher und Steinschneider, Okultisten, Bruchschneider, Waldmänner, Wurzenkramer, Quacksalber und Ölmacher, Wasserdestillierer, Purgirzeltel- und Pulvermacher, Gaukler, Bildermänner, Taschenspieler, Fechter, Seiltänzer, Leyerinnen und Luftspringer, Menageriebesitzer, Musikanten, Komödianten und Marionettenspieler«.

Die Jakobidult war bis 1801 an ihrem Platz am Anger. Sie wird dann im Laufe der Jahre an mehrere Plätze verlegt. 1905 findet sie nach den vielen Wanderungen ihre Bleibe auf dem Mariahilfplatz, als dritte der schon bestehenden zwei Dulten.

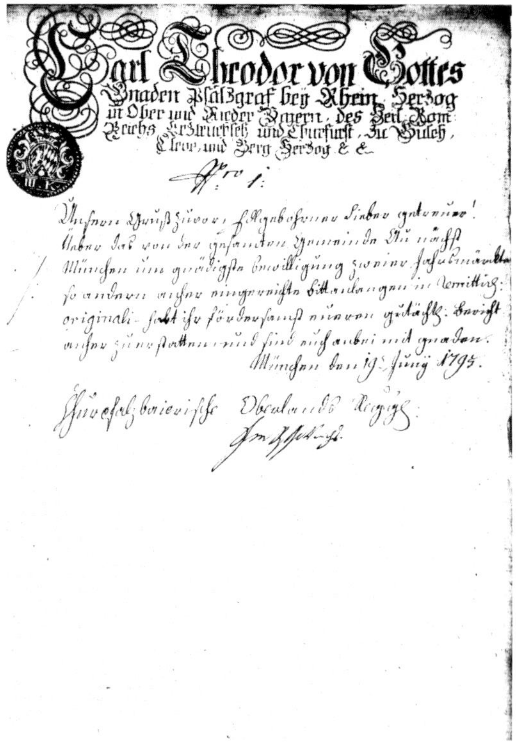

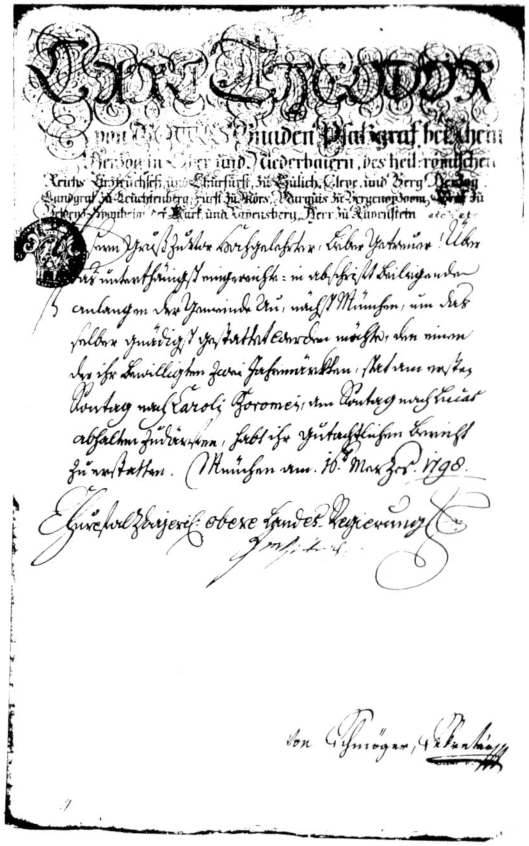

Text der historischen Dokumente

Unseren Gruß zuvor, Edelgeborener
Lieber getreuer,

Über das von der gesamten Gemeinde Au nächst München um gnädigste Bewilligung zweier Jahrmärkte so anderen anher eingereichte Bittanlagen in remittendo originali habt ihr fordersamst eueren gutächtlichen Bericht anher zu erstatten und sind euch anbei mit Gnaden.
München den 19. Juni 1795
Kurpfalzbaierische Oberlandes-Regierung

Unseren Gruß zuvor, Hochgelehrter
Lieber Getreuer!

Über das unterthänigst eingereichte – in Abschrift beiliegende Anlangen der Gemeinde Au nächst München, um das selber gnädigst gestattet werden möchte, den einen der ihr bewilligten zwei Jahrmärkten statt am 1. Sonntag nach Caroli Boromei, den Sonntag nach Lucas abhalten zu dürfen, habt ihr gutachtlichen Bericht zu erstatten.
München den 16. März 1798
Kurpfalzbaierische obere Landes-Regierung

Wollmarkt in Neu-Ulm

Mai, Juni

Deutsche Wollverwertung – Neu-Ulm

Roh-Schafwolle

In der Form von Auktionen, seit 1920

Noch vor einem Jahrhundert war Deutschland Wollausfuhrland, heute ist es nur noch mit 5% Selbstversorger. 95% des Wollbedarfs werden durch Einfuhren gedeckt. Die anfallenden Wollen wurden ab Hof direkt an Händler verkauft. In Berlin und Breslau gab es jedoch im 18. Jahrhundert bereits Wollmärkte. Durch die zunehmende Konkurrenz aus überseeischen Ländern traten größere Absatzschwierigkeiten auf dem deutschen Wollmarkt ein. Gleiche Schwierigkeiten gab es später auf dem Fleischsektor. Auch die fortschreitende Industrialisierung führte dazu, daß um die Jahrhundertwende – 1890–1910 – die Wirtschaftlichkeit der Betriebe rapide absank und es somit zu einem starken Rückgang in der Schafhaltung kam. Die Wollvermarktungsprobleme führten 1920 zur Zusammenarbeit bayerischer, württembergischer, badischer und hessischer Schafhalter, die die »Süddeutsche Wollverwertung« gründeten. Durch den Wunsch nach noch größerer Einheitlichkeit wurde 1934 die »Reichswollverwertung« gegründet. Sie ist der Vorläufer der heutigen »Deutschen Wollverwertung G.m.b.H.«. Die einzelnen Landesschafzuchtverbände sind die Gesellschafter dieses Unternehmens.
Jährlich werden zwei Auktionen in Neu-Ulm durchgeführt, weitere finden in Paderborn und Husum statt. Von den Schafhaltern gelieferte Wolle wird in Losen gestapelt und gelagert, wobei möglichst große Lose angestrebt werden. Zwei Tage vor der Auktion begutachten und bewerten die Wollaufkäufer, die aus der ganzen Bundesrepublik kommen, die Wolle, um sich ein Bild über die Qualität und somit über den möglichen Preis zu machen.
Die auf Überseeauktionen erzielten Preise gelten dem Auktionator als Richtschnur. Verkauft wird an den Meistbietenden. Liegen die Gebote unter den Veranschlagungen, so wird die Wolle von der Deutschen Wollverwertung zum Angebotspreis übernommen. Die so erworbenen Wollen läßt sie zu Waschwollen und Kammzügen verarbeiten, um sie später wieder abzusetzen. Eingeschlossen sind auch die Anlieferungen kleiner Lose, oder Lose, die aufgrund ihrer Wollbeschaffenheit nicht für einen Verkauf auf der Auktion geeignet sind.
Bei der Prüfung der Wolle werden folgende Punkte bewertet:
Ausgeglichenheit in der Feinheit
Farbe: je weißer desto besser
Kräuselung: je stärker gekräuselt, desto feiner, starke Kräuselung beweist bessere Elastizität
Länge: je länger desto besser
Pflege: Sauberkeit der Wolle, Vegetabilien sollten nicht vorhanden sein. Vlieswolle sollte ohne Locken angeliefert werden
Reinwollgehalt: Er liegt bei der Merinolandschafwolle bei 44–56%, er ist abhängig vom Feuchtigkeitsgehalt, Fett- und Schweißgehalt und sonstigen Verunreinigungen. Der Feuchtigkeitsgehalt ist vorwiegend entscheidend für die verwertbare Menge pro Gewichtseinheit.
Ein Schaf liefert ca. 4 kg Rohwolle. Nach der Wäsche bleibt ungefähr 2 kg Reinwolle übrig, die zur Weiterverarbeitung geeignet ist.

Aus »100 Jahre Kammgarnspinnerei Schedewitz 1835–1935«

Der Traum eines vormaligen Wollhändlers.

Erinnerung an Preussens Wollmärkte
1849

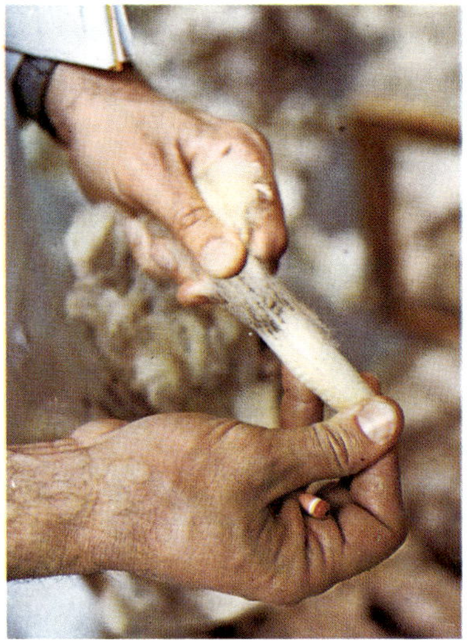

NEUES
WOLLKONTOR
ESSEN

NEUES
WOLLKONTOR
ESSEN

Rettichmarkt in Regensburg

Täglich

Am Krauterermarkt, gegenüber vom Dom

Rettiche

Etwa um die Jahrhundertwende entstanden

Regensburg hatte schon im Mittelalter ein altertümliches und ausgedehntes Marktsystem. An mehreren Plätzen und Straßenzügen, auch in Donaunähe, wurde gehandelt. Der Rettichmarkt ist der jüngste unter den Märkten Regensburgs. Rettiche wurden früher mit anderem Gemüse auf dem Krauterermarkt – gegenüber der Westfassade des Domes – gehandelt. Erst durch den Rettichanbau in Weichs (heute Regensburg) kamen verstärkt Rettiche auf den Markt, oder wurden durch Hausieren vertrieben. Um die Jahrhundertwende scheint sich der Wandel vom Gemüse- zum Rettichmarkt vollzogen zu haben.
Bis zum zweiten Weltkrieg 1939 hatten bis zu neun Rettichverkäuferinnen ihre Stände aufgeschlagen. Während des Krieges verkaufte nur noch eine Marktfrau. Heute sind wieder drei Stände am Dom zu finden.
Weit über die Stadtgrenzen hinaus bekannt ist die älteste Rettichfrau Regensburgs, Maria Beer. Ihr Humor, ihr Mundwerk, ihre manchmal deftigen Bemerkungen machen den Rettichkauf bei ihr unterhaltsam. Wenn sie Zeit und Lust hat, vor allem aber muß ihr der Käufer sympathisch sein, dann erzählt sie ihre Geschichten: Wie der Alfons Goppel bei ihr am Stand war und wie sie ihm in München gratuliert hat, wie ihr der ehemalige Bürgermeister von Regensburg beim Radlsturz ihre Rettiche aufgehoben hat und …

Ferkelmarkt in Pfaffenhofen/Ilm

Jeden Dienstag – März bis Oktober
Beginn 6.00 Uhr
November bis Februar
Beginn 7.30 Uhr

Auf dem Volksfestplatz in Pfaffenhofen/Ilm

Ferkel

Urkundlich 1605 erwähnt, mit Sicherheit älter

Herzog Ludwig der Kelheimer verlieh Pfaffenhofen das Marktrecht, 1197 wird die Stadt erstmals als Markt erwähnt.
Die Viehmärkte hatten schon vor dem Dreißigjährigen Krieg in Pfaffenhofen eine große Bedeutung. Die Herzogliche bayrische Regierung fordert 1590 von ihrem Pfleger Emanuel Welser, auf allen Märkten im Gericht Pfaffenhofen das Vieh »in was wert und von wem es verkauft mit Fleiß beschreiben zu lassen«. Der Zustrom zum Markt war damals so groß, daß der Pfleger erwiderte, die Beschreibung des Viehs kann auf »dergleichen großen Märkten wie zu Pfaffenhofen Jakobi und Andre« nicht geschehen »weil dadurch die armen Leut sonderlich diejenigen so weit vom Markt entsessen, groß gehindert werden. Der mehrer Teil wurde bei der letzten Dult aufgehalten und konnte erst bei eitler Nacht, wann es am unsichersten, wieder abreisen.« Er beantragte mehr Schreiber, um seine Aufgabe erfüllen zu können.
Aus einem Marktbericht von 1605 geht hervor, daß Inländer 985 und Ausländer 388 Schweine kauften. »Ausländer« waren Bewohner von Gebieten die außerhalb des Territoriums des Herzogtums Bayern lagen.
Im 18. und 19. Jahrhundert hatten die Märkte ihre ursprüngliche Bedeutung verloren. Die Eröffnung der Eisenbahnlinie München–Ingolstadt im Jahre 1867 brachte jedoch eine merkliche Steigerung des Marktbetriebes in Pfaffenhofen.

Heute ist der Ferkelmarkt in Pfaffenhofen der größte in Bayern. Während in anderen Städten die Auftriebszahlen durch Veränderung der Handelswege sinken, steigt der Ferkelverkauf in Pfaffenhofen ständig.
»Ein wesentlicher Faktor im Pfaffenhofener Wirtschaftsleben sind die Ferkelmärkte geworden« schreibt Heinz Streidl im Heimatbuch »Stadt Pfaffenhofen«.
Die steigenden Auftriebszahlen beweisen das.
1936 = 20287 Stück
1957 = 20658 Stück
1961 = 23166 Stück
1964 = 27891 Stück
1976 = 53358 Stück
1977 = 58701 Stück
Gründe für diese Aufwärtsentwickung sind die zentrale Lage der Stadt Pfaffenhofen und das große umliegende Einzugsgebiet.
Käufer sind unter anderen Großabnehmer und Händler aus Hamburg. Die Ferkel werden in Norddeutschland weiter aufgezogen und gemästet. Ein weiterer Anziehungspunkt ist die gegenüber anderen Städten günstige Marktgebühr von 0,60 DM pro Schwein. Dies ist ein Motiv, die Ferkel nicht in die anderen umliegenden Städte zu bringen, da die Bauern sehr auf den Preis zu achten scheinen, »wenn's nur a Zehnerl billiger ist«. Die zum Markt gebrachten Tiere werden vom Amtstierarzt auf Seuchen kontrolliert. Während des zweiten Weltkrieges fiel der Ferkelmarkt aus. Am 2. 7. 1948 beschloß der Stadtrat die Wiederabhaltung. Die Motorisierung der Bauern und das Ansteigen des Marktbetriebes waren in den sechziger Jahren die Ursachen für die Verlegung des Ferkelmarktes auf den Volksfestplatz außerhalb der Stadt.

Pferdemarkt in München

Jeden ersten Samstag im Monat von 7.00 bis 14.00 Uhr

Schlacht- und Viehhof, Zenettistraße 3

Reit-, Gebrauchs- und Schlachtpferde

In den Schmelleranlagen – Schlacht- und Viehhofgebiet seit 1883

Auf dem Münchner Pferdemarkt wird noch gehandelt und gefeilscht. Von Mann zu Mann, wie in alten Zeiten. Jedes Pferd wird mit Handschlag ausgehandelt. Oft nach langem hin und her. Manchmal auch unter Vermittlung eines Dritten – des »Schmusers«. Er verdient sich damit ein paar Scheine.

Verkauft werden vorwiegend Reit- und Schlachtpferde. Letztere werden nach Italien und Frankreich exportiert. Der Preis für ein Reitpferd liegt etwa zwischen 2000 DM und 8000 DM. Geachtet wird beim Kauf auf das Alter, an den Zähnen festzustellen, Gang, vordere und hintere Gliedmaßen und auf Gesundheit (ein Pferd darf nicht »dämpfig« sein) deshalb wird jedes Pferd in Bewegung vorgeführt.

Die angebotenen Pferde kommen aus Deutschland, viele aber aus Drittländern (heute vorwiegend aus dem Ostblock).

Der Münchner Markt ist der größte Umschlagplatz für Pferde in Süddeutschland.

Schon sehr früh scheint in München ein Pferdemarkt – in Zusammenhang mit der Jakobidult – auf dem Oberanger abgehalten worden zu sein. Denn schon 1369 führt dieser Platz den Namen »Roßmarkt«. Weitere Pferdemärkte fanden an bestimmten Tagen während der Fastenzeit im Tal aber auch während der Auer Dult statt.

1883 wurde der Pferdemarkt in die Schmellerhallen, Schlacht- und Viehhofgelände, verlegt, wo er bis 1972 blieb. Das Gelände wurde dann anderweitig genutzt. Seitdem findet der Pferdemarkt in den Hallen des Schlachthofes statt.

SÜDVIEH

Veranstalter war von Anfang an der »Verein der bayerischen Pferdehändler«. Gehandelt wurde zwei bis drei Tage. Der Markt war der Dreh- und Angelpunkt des bayerischen Viehhandels und Informationsquelle der Händler.

Erst 1952 wurde der Markt auf einen Tag beschränkt und der Samstag-Pferdemarkt eingeführt. 1976 wurden pro Markttag etwa 300 Tiere aufgetrieben. Der jetzige Veranstalter ist die »Einkaufs- und Liefergenossenschaft der Viehkaufleute Bayerns«.

Ortspolizeiliche Vorschrift.

Der Magistrat

der k. Haupt- und Residenzstadt München

erläßt nach Art. 146 des Polizei-Strafgesetz-Buches und Art. 40 und 41 der Gemeindeordnung nachfolgende durch k. Regierungs-Entschließung vom 15. September l. Js. Nr. $\frac{32597}{33969}$ für vollziehbar erklärte ortspolizeiliche Vorschrift:

§ 1.

Der Jahres-Viehmarkt am Montage nach dem Oktoberfeste findet für alle Gattungen von Thieren mit Ausnahme von Schweinen und todten Schlachtstücken auch fernerhin auf der Theresienwiese statt.

§ 2.

Die übrigen Jahres-Viehmärkte (an den drei ersten Mittwochen in der Fasten und an den Montagen der Mai-, Jakobi- und Oktoberdult) werden für Schlacht-, Melk- und Nutz-Vieh im Viehhofe (Schlacht- und Viehhof-Ordnung vom 9. August l. Js. · § 31 Abs. 3, in der Gemeindezeitung Nr. 64 Beilage 2), für Pferde im neuen Heumarkte abgehalten.

§ 3.

Für den Oktoberfest-Viehmarkt und für die Pferdemärkte im neuen Heumarkte verbleibt es bei den bisherigen Marktgebühren von 18 Pfg. für Ochsen, Kühe, Stiere, Rinder und Pferde, 12 Pfg. für Kälber, Schafe, Ziegen und Schweine und 5 Pfg. für Lämmer, Kitze und Spanferkel.

Der Pflasterzoll für das diesen Märkten zugeführte Vieh ist, wenn es auf der Landstraße eingetrieben wird, an der Eingangspflasterzollstation, wenn es mit der Bahn ankommt, an der dem betreffenden Bahnhofe zunächst gelegenen Pflasterzollstation zu bezahlen.

Wer über die bereits erfolgte Entrichtung des Pflasterzolles sich nicht durch Pflasterzollquittung ausweisen kann, hat denselben gleichzeitig mit der Marktgebühr an die auf dem Markte aufgestellten Einnehmer zu entrichten.

§ 4.

Für die Jahresmärkte im Viehhofe ist die Gebühren-Ordnung für den Schlacht- und Viehhof vom 20. August l. Js. (Gemeindezeitung Nr. 68 Beilage 2) maßgebend.

§ 5.

Auf die Pferdemärkte und auf den Oktoberfestviehmarkt kommen die Bestimmungen in §§ 35, 38 Abs. 2, 42 und 45 der Schlacht- und Viehhofordnung vom 9. August l. Js. gleichmäßig zur Anwendung; außerdem ist den Weisungen des Marktaufsichts- und Beschau-Personals unweigerlich Folge zu leisten.

§ 6.

Hinterziehung der vorstehend aufgeführten Gebühren und Nichtbeachtung der hiefür bestehenden Controlvorschriften hat Strafeinschreitung nach der ortspolizeilichen Vorschrift vom 10. Dezember 1875 (Gemeindezeitung Seite 944) zur Folge.

Am 18. September 1878.

Magistrat der k. Haupt- und Residenzstadt München.

Bürgermeister:

Dr. Widenmayer.

Stadelmann, Secr.

Josef Anderl

SÜDVIEH

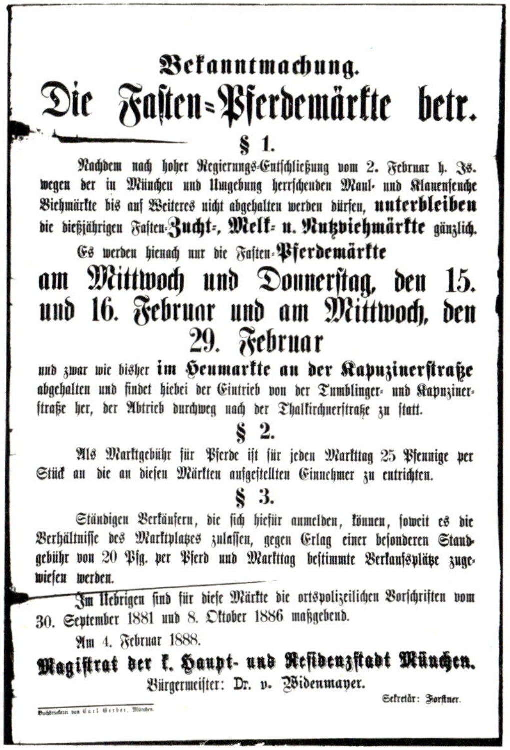

Bekanntmachung.

Die Fasten=Pferdemärkte betr.

§ 1.

Nachdem nach hoher Regierungs-Entschließung vom 2. Februar h. Js. wegen der in München und Umgebung herrschenden Maul- und Klauenseuche Viehmärkte bis auf Weiteres nicht abgehalten werden dürfen, **unterbleiben** die dießjährigen Fasten-**Zucht=, Melk= u. Nutzviehmärkte** gänzlich.

Es werden hienach nur die Fasten-**Pferdemärkte**

am Mittwoch und Donnerstag, den 15. und 16. Februar und am Mittwoch, den 29. Februar

und zwar wie bisher **im Heumarkte an der Kapuzinerstraße** abgehalten und findet hiebei der Eintrieb von der Tumblinger- und Kapuzinerstraße her, der Abtrieb durchweg nach der Thalkirchnerstraße zu statt.

§ 2.

Als Marktgebühr für Pferde ist für jeden Markttag 25 Pfennige per Stück an die an diesen Märkten aufgestellten Einnehmer zu entrichten.

§ 3.

Ständigen Verkäufern, die sich hiefür anmelden, können, soweit es die Verhältnisse des Marktplatzes zulassen, gegen Erlag einer besonderen Standgebühr von 20 Pfg. per Pferd und Markttag bestimmte Verkaufsplätze zugewiesen werden.

Im Uebrigen sind für diese Märkte die ortspolizeilichen Vorschriften vom 30. September 1881 und 8. Oktober 1886 maßgebend.

Am 4. Februar 1888.

Magistrat der k. Haupt- und Residenzstadt München.

Bürgermeister: Dr. v. Widenmayer.

Sekretär: Forstner.

Buchdruckerei von Carl Gerber, München.

Fohlenmarkt in Rottenbuch

Jährlich einmal im September

Rottenbuch

Fohlen

schon 1558 urkundlich erwähnt, mit Sicherheit älter

Der Pferdehandel hat sich gewandelt. Früher wurde von Mann zu Mann im Stall oder auf freien Märkten gehandelt. Heute werden die meisten Märkte, versehen mit einem festen Reglement, vom Pferdezuchtverband organisiert und durchgeführt. Die Pferde werden von einer Jury beurteilt und dann an den Meistbietenden versteigert. Bewertet werden Erscheinungsbild, Rahmen, Wuchs, Größe, Kopfausdruck, gute Halsung, schöne Oberlinie, solides Fundament, Beine, Gang.

Der Rottenbucher Fohlenmarkt ist ein meist von der ländlichen Bevölkerung gut besuchter Markt, mit alter Tradition.

Anselm Greinwald zitiert in seinen »Biographischen Notizen über die Pröpste von Rottenbuch« ein Antwortschreiben des Propstes Wilhelm an Herzog Albrecht V. von 1558 »Wiewohl das Gotzhaus nit mehr dan ainige Kirchweyhe (welche sich einem ziemlichen Jahrmarckt vergleichen mechte, daran auch die fürstliche zolner und umgelt Knecht von Schongau und Landsperg gegenwertig, von verkaufften Rossen bayd ir gebür einnemen) so were mir doch, denselben (ausserhalb des Gotzdiensts) abzestellen, oder gebürlich enderung fürzunemen, gar nit ze wider, dan einmal das closter davon mehr nachtayl dan nutzen anphahet.«

Der hier erwähnte Jahrmarkt – Kirchweyhe – bestand offensichtlich schon seit langem und war vom Landesherrn genehmigt, weshalb die Zollknechte das »Umgeld« von den verkauften Rossen einkassierten.

Der zu Klosterzeiten abgehaltene Pferdemarkt war mit einem am Tag zuvor stattfindenden Krämermarkt verbunden, der sogenannte »Maria-Geburt-Markt«.

Die ältesten Zuchtstätten des Oberländer-Pferdeschlages

Zum Zuchtfohlenmarkt in Rottenbuch am 17. August

1939

Rottenbuch, 11. August

Zu den ältesten Zuchtstätten des bodenständigen Oberländer-Pferdes zählt der Bezirk Schongau, der hinsichtlich Pferdezahl wie Qualität unter den ersten unseres Bayernlandes marschiert. Die ausgedehnte Wiesen- und Weidewirtschaft bildeten von jeher die besten Voraussetzungen für eine ausgedehnte Vieh- und Pferdezucht. Schon aus dem Mittelalter dringt zu uns die Kunde, daß Rottenbuch und Steingaden sich die Förderung der Pferdezucht angelegen sein ließen. Und dieses Verständnis für die Pferdezucht ist der dortigen bäuerlichen Bevölkerung bis zum heutigen Tag geblieben, was am eindrucksvollsten aus der Zahl der Stutenbedeckungen ersichtlich ist, die im Bezirk Schongau über 1200 im heurigen Jahr betrug. Die Hälfte dieser gedeckten Stuten ist im Stutbuch des Pferdezuchtverbandes Oberbayern und ca. 150 davon im Leistungsbuch des Reichsverbandes der Kaltblutzüchter Deutschlands auf Grund der mit bestem Erfolg abgelegten Höchstzug- und Dauerzugleistungsprüfungen eingetragen. Für die Güte der im Bezirk Schongau gezogenen Pferde spricht endlich der Umstand, daß seit Jahren

alljährlich ungefähr 100 Stuten mit Staatspreisen ausgezeichnet

werden.

Die Vatertiere des Bezirkes stehen teils im Besitz von vorbildlich geleiteten Hengsthaltungsgenossenschaften, teils im Besitz alterprobter Privathengsthalter. Frühzeitig haben die dortigen Züchter erkannt, daß die genossenschaftliche Hengsthaltung die sicherste Gewähr zur Haltung erstklassiger Vatertiere und damit zur Verbesserung der Pferdezucht bietet. Betrachten wir die im Bezirk Schongau stehenden Hengste nach ihrem Blutaufbau, so begegnen uns eine Reihe Vertreter der robusten „Prinz"-Linie. An der Spitze steht der ob seiner Vererbungstreue bekannte, erstprämierte Hengst „Pretor", seine berühmten Söhne, das Vollbrüderpaar „Präsident" und „Paulus" aus dem bewährten Züchterstall Schmied-Grasleiten, sein weiterer Sohn „Pretorius", sein Halbbruder „Prinz Kaspar" und dessen Sohn „Prüfstein". Die Nachkommen des Altveteranen „Carol" geben Zeugnis von der ungebrochenen Zeugungskraft des fast „Zwanzigjährigen". Der schnittige Pfeffersohn „Pfennig" der Genossenschaft Steingaden, der in sieben Deckjahren über 700 Stuten belegte, hat bei seiner seltenen Befruchtungsziffer von 83 Prozent eine stattliche Anzahl von Nachkommen für Zucht, Wirtschaft und Wehrmacht geschaffen. Weiter sind zu nennen die Hengste „Gutenfels", „Hektor", „Konradin" und „Protus" aus der Altbürschllinie, Hengst „Eduard" aus der schnittigen und gängigen Ertl 2-Linie, sowie die beiden Söhne des Stuttgarter DLG.-Siegers „Pfekl", die Hengste „Planet" und „Philipp".

Der Absatz von Nutz- und Zuchtmaterial vollzog sich von altersher neben dem Stallhandel auf den großen Pferde- und Fohlenmärkten des ehemaligen Klosterstiftes Rottenbuch, wohin auch die Züchter aus dem Ammertal des Garmischer Bezirkes zogen. Nur selbstverständlich kann es deshalb erscheinen, daß mit der Schaffung organisierter Zuchtfohlenmärkte durch die Landesbauernschaft auch dieser alte Stapelplatz des Absatzes vom Pferdezuchtverband Oberbayern als Verbandzuchtfohlenmarkt übernommen wurde.

Bereits der erste Zuchtfohlenmarkt des Vorjahres lockte Hunderte von Käufern und Interessenten nach der alten Klosterstätte Rottenbuch und brachte bei einem Auftrieb von 120 Fohlen eine restlose Räumung des Marktes. Der heurige Verbandszuchtfohlenmarkt, der am Montag, den 17. August, stattfindet, wird einen Auftrieb von etwa 170 Fohlen aufweisen und kann somit als **der größte Zuchtfohlenmarkt Bayerns** bezeichnet werden.

1845 wurde ein zweiter Pferdemarkt eingeführt. Der Krämermarkt am Patroziniumsfest ging 1873 ein, der Pferdemarkt aber bestand weiter bis 1952, nur unterbrochen in den Jahren 1944–48.

In den dreißiger Jahren begann der Pferdezuchtverband die Märkte zu organisieren. Der 1935 eingerichtete Fohlenmarkt hat seinen Ursprung wahrscheinlich in dieser Zeit der Umstrukturierung.

In Zeitungsberichten von 1939 ist notiert, daß Rottenbuch ein Mittelpunkt des Hochzuchtgebietes für das Oberländer Pferd ist und daß die Güte des Tiermaterials hier am besten sei.

1978 wurden noch 120 Fohlen aufgetrieben. Der Pferdezuchtverband will diesen Fohlenmarkt in Rottenbuch schon seit Jahren auflösen. Die Gemeinde Rottenbuch hat dies jedoch bis heute mit Erfolg verhindert.

107

28

113

122

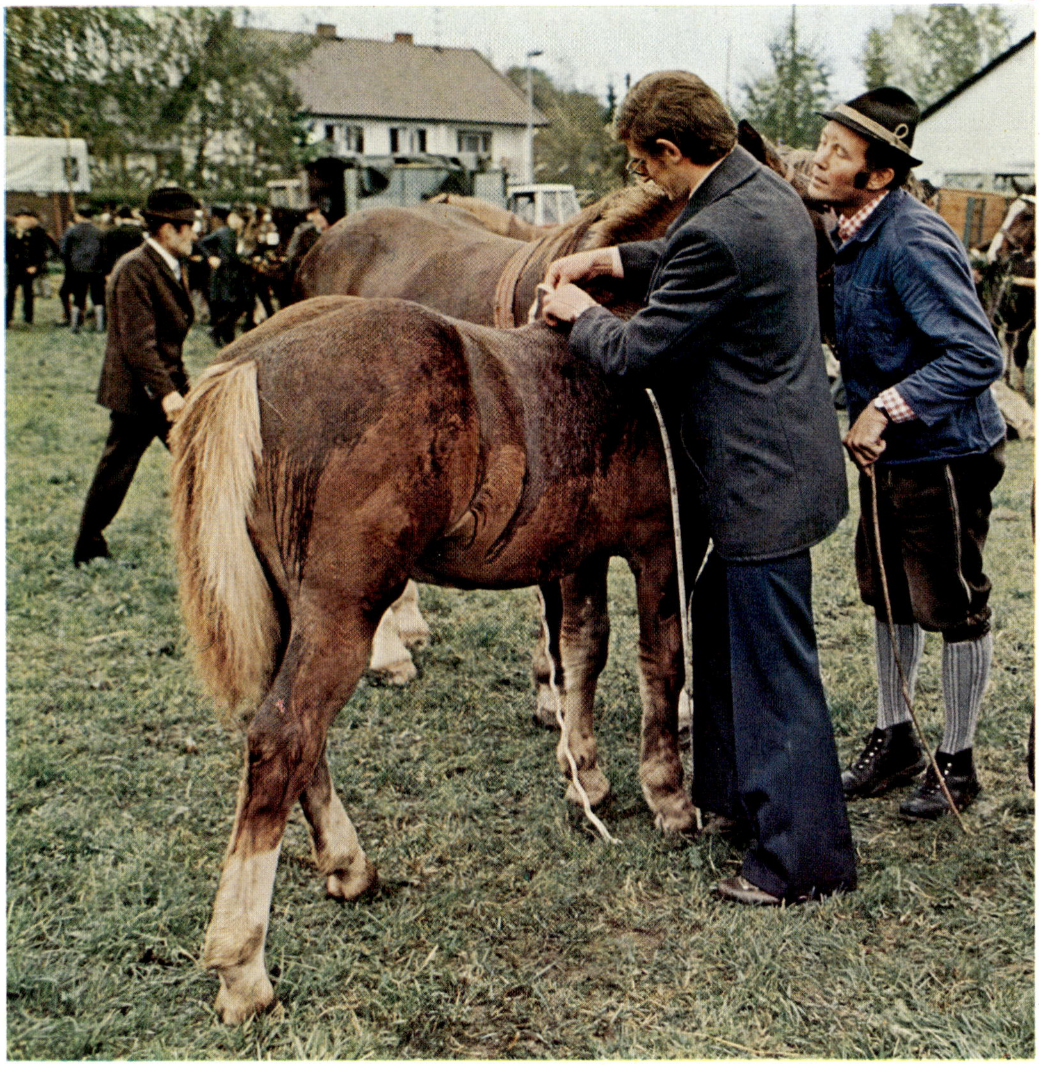

21. August 1939

Fohlenversteigerung in Rottenbuch.

Vergangenen Montag hatte Rottenbuch wieder seinen großen Tag. Die Fohlenversteigerung des Pferdezuchtverbandes Oberbayern war das züchterische Ereignis, welches wieder zahlreiche Besucher herbeilockte.

Begünstigt von schönem Wetter nahm die Veranstaltung einen guten Verlauf. Die Zahl der Fohlen war heuer geringer als im Vorjahr, da bereits 2 Märkte, in Peiting und in Murnau, stattgefunden hatten. Entsprechend der Lage des Marktortes, im Mittelpunkt des Hochzuchtgebietes für das Oberländer Pferd, war jedoch die Güte des Tiermaterials hier am besten. 117 Fohlen, meist mit Mutterstuten, waren aufgetrieben worden. Ab 8 Uhr begann das Richten der Tiere gleichzeitig in 3 Gruppen. Die Zuchthengstfohlen wurden ausgesucht von Landestierzuchtleiter Dr. Dürrwaechter, Dr. Gentner und Bürgermeister Schleich, Altenstadt. Die Gebrauchshengstfohlen wurden gemustert durch Rauch, Kručking, Bauer und Stein, Erding, die Stutfohlen durch Prof. Dr. Stockklausner und Ök.-Rat Schmid, Grasleiten. Aus den 93 vorgestellten männlichen Fohlen konnten schließlich 6 als Zuchthengstfohlen bestimmt werden, während von den übrigen 37 in Gebrauchswertklasse 1 und 50 in Gebrauchswertklasse 2 eingereiht wurden. 15 der 24 Stutfohlen kamen in Gebrauchswertklasse 1 und 2 und 9 in Gebrauchswertklasse 3.

Um 11 Uhr eröffnete Dr. Dürrwaechter im Auftrage des Landesbauernführers die Versteigerung und begrüßte die Züchter und Kaufinteressenten, ferner die Vertreter der Behörden und des Reichsnährstandes und besonders den ebenfalls anwesenden Landstallmeister aus Schlesien, Frhr. von Stenglin und den Vertreter der sudetendeutschen Pferdezucht. In seiner Ansprache wies Dr. Dürrwaechter dann darauf hin, wie sich der Absatz der Fohlen aus den Märkten trotz mancher Widerstände doch allmählich zur Versteigerung fortentwickelte. Die hiesige Gegend mit ihren zahlreichen guten und besten Züchtern hat dabei besondere Verdienste, denn sie hat immer das beste Material aufzuweisen gehabt, und die Züchter waren dank ihrer Treue und Ausdauer auch in Krisenzeiten das Rückgrat der bayerischen Pferdezucht. Dank dieser Tugenden seien heuer auch bei der Ausstellung in Leipzig die schönen Erfolge errungen worden. Auch der Händler gedachte er in lobenden Worten und ermahnte sie zur Fortsetzung der bisher geübten guten Zusammenarbeit mit den Züchtern und dem Pferdezuchtverband zum Wohl der Bayerischen Pferdezucht.

Die anschließende Versteigerung brachte in Anbetracht der bereits vorausgegangenen zwei Märkte in Peiting und Murnau ein recht befriedigendes Geschäftsergebnis und gute Preise. Bis auf acht wurden sämtliche versteigert. Ökonomierat Schmid-Grasleiten konnte dabei für sein an zweiter Stelle stehendes Zuchthengstfohlen den Höchstpreis des Tages erhalten. Im Durchschnitt kamen die sechs Zuchthengstfohlen auf 833 RM. zu stehen, die Gebrauchshengstfohlen kosteten durchschnittlich 488 RM. und die Stutfohlen 583 RM. Sehr viele Tiere wurden von den Händlern angekauft. Ein großer Prozentsatz der Folgen ging in den Kreis Laufen, von wo sie später in die Ostmark gebracht werden sollen. Auch ins Sudetenland kamen zwei Tiere.

Die nächste und letzte Fohlenversteigerung dieses Jahres findet bekanntlich in Weilheim in der Hochlandhalle am Montag, den 4. September, statt.

Zwiebelmarkt in Coburg

Alljährlich im September am 2. Dienstag und dem darauffolgenden Mittwoch

Auf dem Marktplatz, am Gemüsemarkt und am Salzmarkt

Zwiebel, Bekleidung, Geschirr, Neuheiten, Schuhe

Urkundlich erwähnt 1632 mit Sicherheit älter

»Es is de Coburger Zwiebelbrüh«, sagen die Einheimischen, wenn es wieder mal, wie fast immer, an den Markttagen regnet. Obwohl der Handel mit Zwiebeln auf dem Coburger Zwiebelmarkt nur noch gering ist, ist die Zwiebel doch noch ein besonderes Charakteristikum des Marktes. Denn an den beiden Markttagen gibt es fast in allen Bäckereien der Stadt Zwiebelkuchen. Marktbesucher, zwiebelkuchenessend, sind überall in den Straßen zu sehen. Dieser Kuchen wird sofort nach dem Backen heiß gegessen. Ca. 400 qm Kuchen werden z.B. an diesen zwei Tagen nur in der Bäckerei Sauer gebacken und dabei 15 bis 20 Zentner Zwiebeln verarbeitet.
Der Coburger Zwiebelmarkt ist wahrscheinlich hochmittelalterlichen Ursprungs. Bereits in der Bewilligungsurkunde eines vierten Jahrmarktes für die Stadt Coburg durch Herzog Wilhelm III. vom Donnerstag nach Quasimodogeniti 1466 wird er vom Rat und der Gemeinde zu Coburg als »herbracht und gebraucht« erwähnt.
Während des Dreißigjährigen Krieges gab es eine Unterbrechung des Marktes. In einem Ratserlaß vom 4. Sept. 1630, wird den Bamberger Gärtnern der Zugang zum Markt wegen aufgetretener Pest untersagt. Ein anderes Protokoll von 1632 berichtet von einer Schlägerei auf dem »Zwiebelmarkt, so auf Sonntags nach Mariae Geburt gehalten wird«.
Seit es möglich ist, Zwiebeln während des ganzen Jahres zu kaufen, hat sich das Bild des Coburger Zwiebelmarktes stark verändert.

Text der Urkunde von 1466

Herzog Wilhelm III [der Tapfere] von Sachsen bestätigt auf Bitten von Bürgermeister und Rat der Stadt Coburg anläßlich des jüngst stattgefundenen Brandes vor dem Spittelthore zu den drei bisherigen – nämlich jeweils einen Tag vor und nach dem Sonntag Quasimodogeniti dem Peter- und Paulstag und den Sonntag nach Maria Geburt – einen neuen Markt, wobei die beiden letzteren zoll- und geleitsfrei sind. –
Geben zu wymar uff dornstag nach Quasimodogeniti.
Or. Perg. m. S. D.

Der schon immer dazugehörende Jahrmarkt ist heute dominierend. Tausende Zentner Zwiebeln wurden früher umgesetzt, denn es galt ja den Bedarf für ein ganzes Jahr zu decken. Die Gärtner und Jahrmarktshändler aus den umliegenden Dörfern und Städten kamen mit Pferdefuhrwerken an, auch die Bamberger, im Volksmund »Zwiebeltreter« genannt, um an diesen drei Tagen das große Geschäft zu machen. Erst Anfang des 20. Jahrhunderts wurde der Markt auf zwei Tage beschränkt. Aus alten Berichten ist zu entnehmen, daß in Coburgs Stadtmauern ein ziemlicher Trubel herrschte. Die Fuhrleute nächtigten in der Rosengasse im »Grünen Baum« oder im »Goldenen Anker«, stellten ihre Zugtiere ein und versperrten mit ihren Karren die Straßen, so daß manchmal kein Durchkommen war.

Der Zwiebelmarkt war der wirtschaftlich bedeutendste und meistbesuchteste Markt in Coburg und wurde ursprünglich in der Ketschengasse abgehalten. Auch ein Vieh-, Töpfer- und Buttermarkt waren angeschlossen. Die Händler breiteten sich mit ihren Waren immer mehr aus, so daß bereits am Albertsund am Marktplatz gehandelt wurde.

Anläßlich der Taufe von Erbprinz Johann Leopold v. Sachsen-Coburg-Gotha am 19. September 1906, hatte das Deutsche Kaiserpaar seinen Besuch in Coburg angesagt mit dem Wunsch, eine Rundfahrt durch die Stadt zu machen. Da an diesen Tagen zugleich Zwiebelmarkt war, setzte eine heftige und lange Korrespondenz zwischen dem Polizeikommissar Rauschert und dem Magistrat ein, den Markt zu verlegen, denn man wollte dem Kaiserpaar den Weg durch »die enge Ketschengasse die hüben und drüben mit Zwiebelsäcken, Süßholz und Gurkenfässern besetzt ist und kaum Raum für zwei Geschirre läßt« nicht zumuten. Trotzdem blieb der Markt an seinem Platz und wurde erst später verlegt.

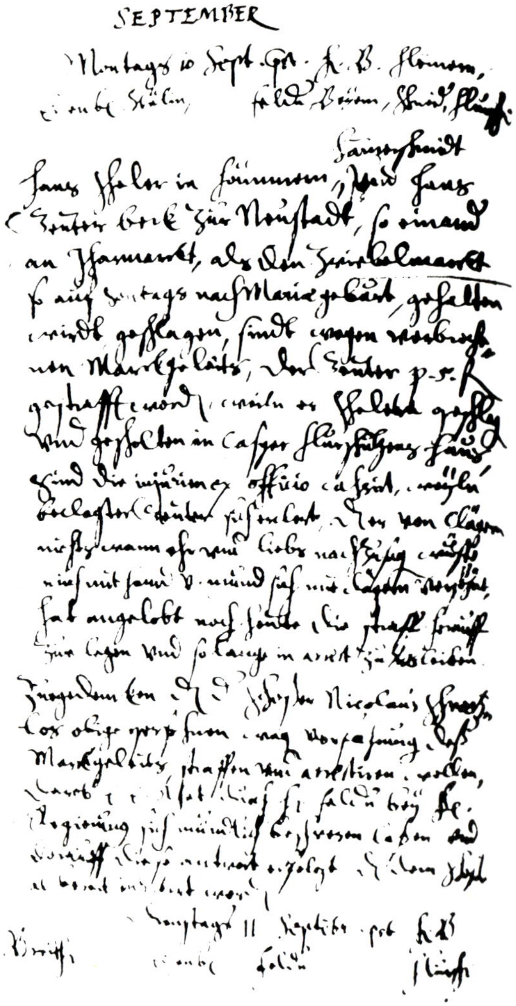

Text des historischen Dokuments

Montag 10. September 1632
Hans Scheler in Hämmern, Hammerschmiedt und Hans Geuter, Beck zur Neustadt, so einander an Jharmarkt, als den Zwiebelmarkt so auf Mariae Geburt gehalten wirdt, geschlagen, sindt wegen verbrochenen Marktgeleits, der Geuter 5 Gulden gestrafft worden, weil er Schelern geschlagen und gescholten in Caspar Flurschulzens Haus, sind die injurien ex officio cassirt weylan Beklagter Geuter sich erclärt, da er von Clägern wann ehr und liebs nachzusagen wüßte, auch mit Hand und Mund sich mit Clägern versöhnt. Hat angelobt noch heute die Straff herauff zue legen und so lange im arrest zu verbleiben.
Zugedenken, daß der Schoßer Nicolaus Schraetlos obige persohnen wegen Überfahrung des Marktgeleits straffen und arrestieren wollen, darob e. e. Rat durch H. Feldern bey Del. Regierung sich unendlich beschweren laßen, und daruff diese antwort erfolgt, daß dem Schoßer allbereit inhibiert worden.

1.50
Handfaden
DM 1.-
Handfaden
-.50
7.-

Stimmen aus dem Publikum.

Zwiebelmarkt und Kaiserbesuch.

Der Michaelismarkt wird, einem Beschlusse des Magistrats zufolge, eine Verlegung nicht erfahren und wird also mit dem Festestrubel aus Anlaß der Anwesenheit des Kaiserpaares und der Erbprinzentaufe zusammenfallen. Der Magistrat mag für die Beibehaltung des Termins wohl seine guten Gründe gehabt haben. Denn es ist nicht zu verkennen, daß bei einer Verlegung des Marktes ein Teil der Geschäftsleute darunter leiden würde. Andererseits muß aber in Berücksichtigung gezogen werden, daß der Zwiebelmarkt der meistbesuchteste im Jahr ist, die Marktbesucher werden sich mit den zahllosen Auswärtigen, die das Kaiserpaar sehen wollen, vereinigen, und der Verkehr wird ein ganz enormer sein. Dazu denke man sich nun die enge Ketschengasse, die hüben und drüben mit Zwiebelsäcken, Süßholz und Gurkenfässern besetzt ist und kaum Raum für zwei Geschirre läßt, die sich einander ausweichen müssen. Man muß sich dann unwillkürlich fragen, wo soll denn das Publikum verkehren und ist dort dann der Verkehr nicht lebensgefährlich? Unsere Polizei wird heute schon im Hinblick auf die beiden Markt- und Festtage ein leises Gruseln befallen. Nun ist man sich bereits dahin einig geworden, den Töpfer- und Büttnermarkt in die Steingasse zu verlegen, sollte man da nicht daran denken den ganzen Markt für diesmal dorthin zu verlegen, wo er nicht stört — n a c h d e m K e t s c h e n a n g e r. Das Geschäft würde wohl kaum darunter leiden, die Stadt aber wäre für den großen Verkehr an beiden Tagen frei und das K a i s e r p a a r, welches die Absicht ausgesprochen haben soll, eine R u n d f a h r t d u r c h d i e S t a d t zu machen, könnte seine Absicht zur Ausführung bringen. Sollte man jedoch Gründe dafür finden eine Verlegung des Krammarktes nicht eintreten zu lassen, so sollte wenigstens der Z w i e b e l m a r k t n a c h d e m A n g e r v e r l e g t werden, um die Ketschengasse freizuhalten. Vielleicht zieht diesen Vorschlag der Magistrat resp. unsere Polizeiverwaltung in Erwägung.

2 Stück
nur
DM
25.-
1 Stück
DM 15.-

Hellringer Dult

Hellring, Gemeinde Langquaid

Jährlich am zweiten Oktobersonntag
Auf der Wiese neben der Kirche
Heute nur noch geringes Warenangebot, hauptsächlich Volksfest-Rummel
Urkundlich erwähnt 1267, zuvor bereits Wallfahrtsort

Hellring nimmt unter den vielen Wallfahrtsorten Bayerns eine Sonderstellung ein. In dem nur neun Häuser großen Weiler wird noch »auskocht und ausgschenkt«. Von dem alten Privileg, die Wallfahrer mit herzhaften Braten von selbstgezogenen Schweinen, Enten und Gänsen zu versorgen und mit Bier aus den umliegenden Brauereien zu erfrischen, machen heute nur noch 4 Familien Gebrauch. Die Häuser werden aus- und umgeräumt, um die zahlreichen Besucher aufnehmen zu können. Die Verwandtschaften kommen zusammen, um mit vereinter Kraft dem Ansturm auf die Küche standzuhalten. Der Gast erhält den Eindruck, daß hier die Freude am gemeinschaftlichen Feiern und am Brauchtum noch vorrangig ist. Die große Vermarktung hat hier noch nicht stattgefunden. Die Idylle ist allerdings auch hier nicht mehr ganz heil. In den neuerbauten oder modernisierten Häusern ist für den Brauch des »Auskochens und Ausschenkens« – und den damit verbundenen Trubel und auch Dreck – kein Platz mehr. Es ist eine Frage der Zeit, wann dieser deftige und schöne Brauch auch hier ausstirbt.
Der »Hellring« wie das alljährlich stattfindende Wallfahrtsfest zur heiligen Ottilie – der Schutzpatronin für die Augen – genannt wird, soll früher am 13. Dezember gefeiert worden sein. Durch das jahreszeitlich bedingte unwirtliche Wetter wurde das Fest auf den zweiten Oktobersonntag verlegt.
Die Errichtung des ersten Kirchleins in Hellring wird den Mönchen von Sankt Emmeran in Regensburg zugeschrieben. Um die Mitte des zwölften Jahrhunderts soll Konrad II. Graf von Rattenburg, Moosburg und Ron-

Schießstand

ning, die zweite Kirche gestiftet haben. Da in der Chronik vermerkt ist, daß diese bald zu klein wurde und etwa hundert Jahre später, nämlich 1267, bereits eine dritte Kirche mit Unterstützung des Grafen Konrad III. zu Moosburg gebaut wurde, ist anzunehmen, daß damals vor 700 bis 800 Jahren schon viele Wallfahrer zur heiligen Ottilie gekommen sind. Die heutige Kirche, die vierte auf diesem Platz also, entstand zwischen 1733 und 1735 und stellt eine beachtenswerte Anlage des früheren Rokoko dar.
Ungefähr 1963 wurde die Hellringer Dult auf einen Tag beschränkt, vorher wurde zwei Tage, nämlich Sonntag und Montag, gefeiert. Im letzten Jahrhundert noch kamen die Wallfahrer schon am Samstag, übernachteten in den umliegenden Dörfern und zogen am Sonntag nach Hellring. Ein großer Andrang herrschte an diesem Tag an den Beichtstühlen. »Am Hellring Sonntag gehen alle Geistlichen von der Umgebung nach Hellring zur Beichtaushilfe«, dieser Vermerk aus der heimatkundlichen Stoffsammlung der Volksschule Niederleierndorf zeigt, daß die Besucher nicht nur zum Feiern kamen.
Der Kupferstecher Michael Wenig beschreibt ca. 1630 Hellring folgendermaßen: »Gleich ein Viertelstundt von hier, stehet ein alte Capell, Hellring genannt, zu Ehren St. Ottilie. Dahin kommen jährlich vil Wallfahrter. Erhalten auch die Presthäffte mehrmahlen ihr Gesundheit allda, Massen es die hinderlassne Wahrzeichen beglauben, darunder auch ein Wagenrad zu sehen, so ein blinder Wagner gemacht und als er es dahin geliffert, plötzlich das Gesicht solle bekömmen haben.«
Die hier erwähnten »Massen hinderlassne Wahrzeichen« (Votivtafeln), sind heute bis auf eine einzige, alle verschwunden. Aus Dokumenten ist zu ersehen, daß die Hellringer Dult zwischenzeitlich durch Seuchen und Krankheiten unterbrochen war. 1873 wurde deshalb an das königliche Bezirksamt Rottenburg an der Laaber ein Bittgesuch gestellt, die Dult wieder abhalten zu dürfen. Darin ist berichtet, »daß der Gesundheitszustand so-

wohl im Gemeindebezirk als auch in den umliegenden Ortschaften ein sehr guter ist«. Dem Bittgesuch wurde stattgegeben, »da kein Hinderniß entgegensteht«.
Vom 7. Oktober 1558 stammt ein vollständiges »Verzeichnis der auf dem sogenannten Hellringer Jahrmarkt erscheinenden Gewerbe«. Es sind vertreten »Band- und Zwirnhändler, Blumenmacher, Brillenverkäufer, Buchbinder, Bürstenbinder, Drechsler, Färber, Rechenmacher, Glaser, Gürtler, Goldarbeiter, Hafenbinder, Handschuhmacher, Holzschuhhändler, Hut- und Kammacher, Spengler, Knopfmacher, Korbmacher, Kürschner, Lebzelter und Wachszieher, Lederer, Metzger, Köche, Löffelhändler, Mausfallenhändler, Haubenmacher, Nadler, Regenschirmhändler, Riemer, Säckler, Schaukastenträger, Schleifer, Zugschmied, Kupfer- und Messerschmied, Nagelschmied, Ketten- und Sensenschmied, Schneider, Schumacher und Seifensieder, Sailer, Sieb- und Spielwarenhändler, Stricker, Hafner, Tuchmacher, Uhrhändler, Weber, Zinngießer, Zündhölzchen- und Wachshändler, Posamentenhändler, Obst- und Käsehändler, Kleinkram- und Kruzifixhändler, Geschirrhändler, Weinschenke, Bierwirte, Musikanten, Komödianten, Juden, Röhrenschieber und Großhändler«. Von dieser Vielfalt ist heute nichts mehr zu sehen, trotzdem hat die Hellringer Dult ihren Reiz behalten.

Text des historischen Dokuments

Ortspolizeiliche Vorschrift

§ 69 P. gem.

Die Gemeindeverwaltung Paring erläßt auf Grund des § 69 P. gem. Ordnung nachstehende ortspolizeiliche Vorschrift.

§ 1

Das Aufschlagen von Buden an den Markttagen zu Hellring darf nur auf der für den Markt bereitgehaltenen Wiese erfolgen, und ist es insbesonders verboten, über den Weg, der zur Nordostseite der Kirche entlang führt, eine Bude aufzuschlagen.

§ 2

Übertretungen dieser Vorschrift werden nach § 149 Ziff. 6 der Gewerbeordnung v. 21. Juni 1869 bestraft.

Paring den 22. Sept. 1886
Die Gemeindeverwaltung

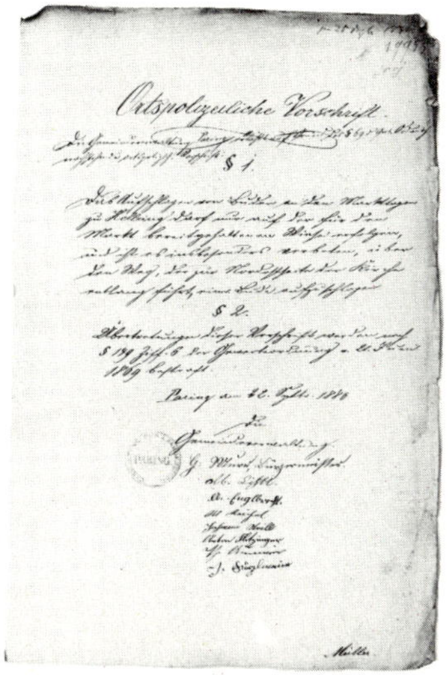
Ortspolizeiliche Vorschrift
§ 1.
§ 2.

Nutzviehmarkt in Cham

Freitags, alle 14 Tage, März bis Oktober
Beginn 6.00 Uhr
November bis Februar, Beginn 7.00 Uhr

Beim Güterbahnhof in Cham

Nutzvieh und Kälber

In der jetzigen Form urkundlich erwähnt 1827, mit Sicherheit älter

Aus dem »Bauernmarkt« früherer Zeiten ist auch in Cham längst ein »Händlermarkt« geworden. Aber das Relikt früherer Zeiten, jedes Tier mit Handschlag auszuhandeln, wird heute mit unverminderter Heftigkeit weiter praktiziert. Bis ein Kauf oder Verkauf zustande kommt, wird geraume Zeit gehandelt, der Handschlag mehrmals gewechselt, aber auch unterbrochen und nach einer Pause wieder aufgenommen. Mit saftigen Bemerkungen werden die Verkaufsbemühungen von den umstehenden Händlern unterstützt.

»Die Viehzucht ist immer noch eine erhebliche Einkommensquelle der Bewohner von Cham, wenngleich ihr die hervorragende Rolle früherer Zeit, wo fast jeder Bürger neben seinem Geschäfte Landwirtschaft betrieb, um leben zu können, betreiben mußte, nicht mehr zukommt«, heißt es in der Handelsgeschichte der Stadt Cham. Weiter wird erwähnt, »daß die Chamer Viehmärkte zu den bedeutenderen des Landes gehören«. Sie wurden mit einer festen Marktregel versehen, nachweislich 1827 eingeführt. Allerdings gab es bereits vorher Viehmärkte, sie waren den festen Jahrmärkten, wie Georgi- oder Jakobimarkt angeschlossen.

»Sie werden abgehalten:

1. vom Mittefasten-Samstage bis zum Karsamstag jede Woche
2. von Ostern bis November alle 14 Tage an Samstagen
3. am Mittefastenmarkt selbst und den Jahrmärkten vorausgehenden Samstagen
4. vom 1. November bis zum Mittefastenmarkt am 1. Samstag jeden Monats.«

So ist in dem Verzeichnis der Waren, Güter und sonstigen Gegenständen, die zu jener Zeit an den Märkten zugelassen waren, unter anderem auch »Vieh von allen Gattungen« erwähnt.

Der »Rindermarkt« als Straßenname wird schon in einer Urkunde von 1394 vermerkt. Daraus ist zu schließen, daß schon um diese Zeit Viehmärkte abgehalten wurden.

Früher kaufte und verkaufte der Bauer sein Vieh selbst auf dem Markt. Reges Treiben setzte schon in den frühen Morgenstunden ein, wenn das Vieh zum Rindermarkt und der angrenzenden Luckner-, Juden-, Probstei- und Straubingerstraße getrieben wurde. Die Gaststätten waren bis auf den letzten Platz besetzt und für die Geschäftsleute waren die Märkte Hauptumsatztage, denn die Landbevölkerung deckte ihren Warenbedarf beim Marktbesuch.

Durch die veränderten Handelswege (die Händler kaufen das Vieh bereits auf dem Hof des Bauern) hat sich das Marktbild geändert. Aus verkehrstechnischen Gründen war es nicht mehr möglich, den Markt im Zentrum der Stadt zu belassen.

1955 wurde der Nutzviehmarkt an den jetzigen Platz, den Güterbahnhof, verlegt.

Viehmarkt-Gebühren-Ordnung.

Der Stadtrat Cham erläßt auf Grund des Art.40 der GO. nachstehende statuarische Vorschriften als

Viehmarkt-Gebühren-Ordnung
der
Stadt C h a m .

§ 1.

Für Benützung der städtischen Viehmarktplätze in Cham sind die nachbezeichneten Gebühren zu entrichten:

a) Für jedes Pferd beim Zutrieb auf den Markt am betreffenden Stadtor der Pflasterzoll mit 10 Goldpfennig und ein Platzgeld von 30 Goldpfg.
in Summa 40 Goldpfg.

b) desgleichen für jedes Stück Hornvieh, ohne Unterschied der Gattung, der Pflasterzoll mit 8 Goldpfg. und ein Platzgeld von 22 Goldpfg. in Summa 30 "

c) desgleichen für jedes Stück Jung- und Kleinvieh, als Fohlen, Kälber, Schafe, Ziegen u. Laufschweine der Pflasterzoll mit 5 Goldpfg. und ein Platzgeld von 15 Goldpfg.
in Summa 20 "

d) Ferkel pro Stück ein Platzgeld von 20 "

§ 2.

Vorstehende Gebührenordnung tritt mit heutigen in Kraft.

Cham, den 16.Oktober 1926.

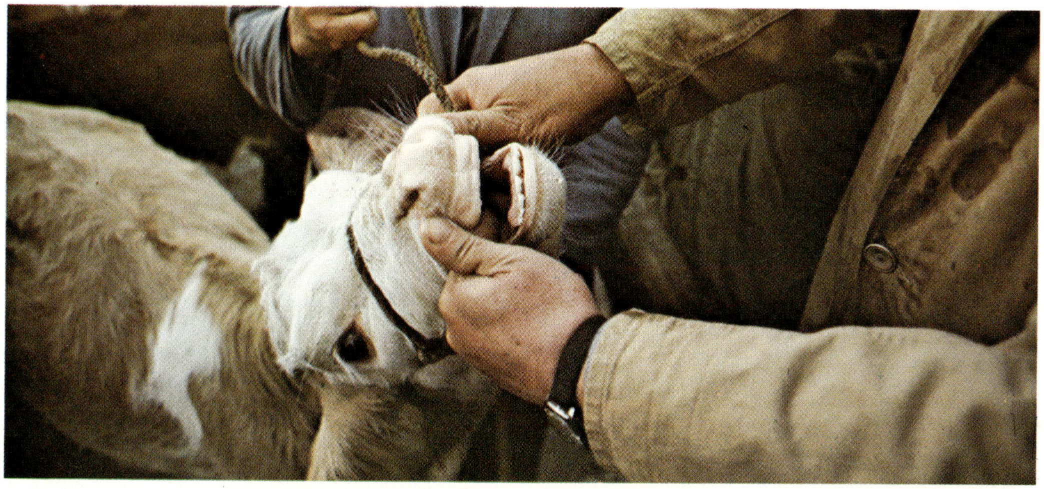

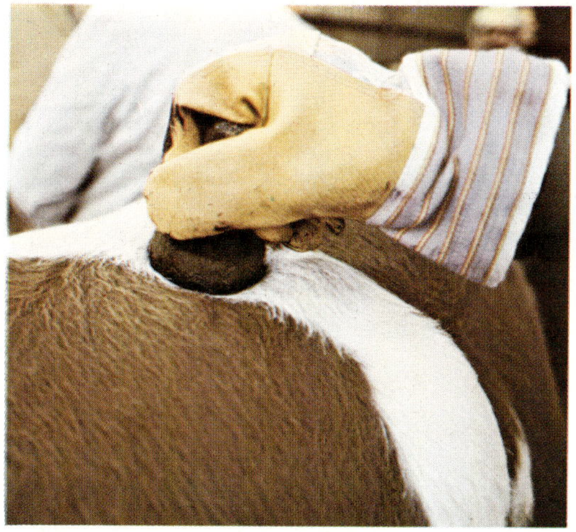

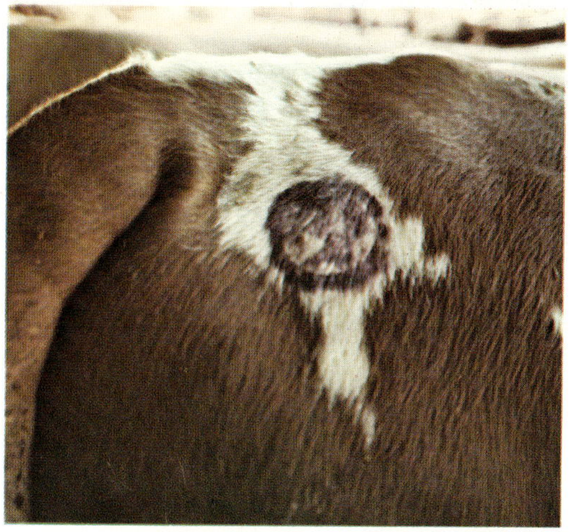

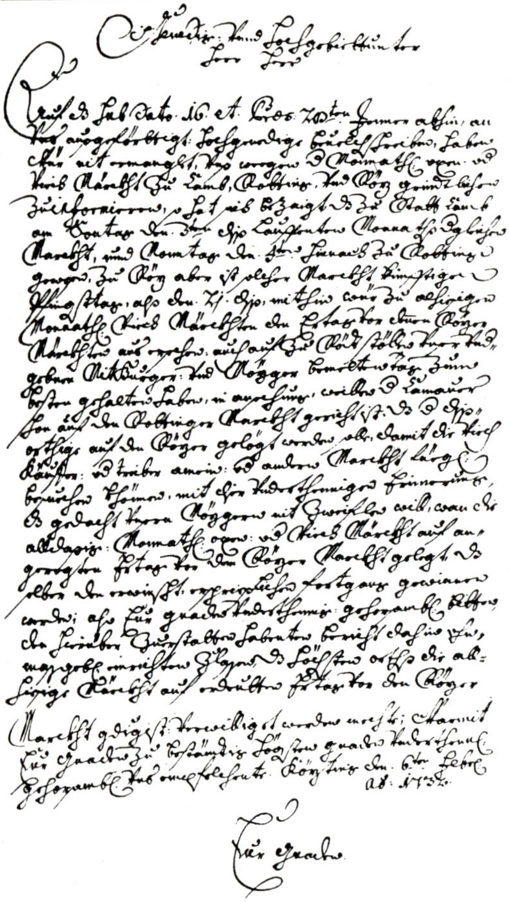

Brief an das Rentamt Straubing

Genediger Und Hochgebiettunter Herr Herr

Auf das sub dato 16. et Pros(equentis) 28ten Jenner abhin, an Uns ausgeförttigt(e) Hochgenedige . . . schreiben, haben Wür nit ermangelt, Uns wegen der Monnathl(ichen) oxen- od(er) Viech Märckht Zu Chamb, Rotting, Und Röz grindtlichen zu informieren, so hat sich bezaigt daß zu Statt Camb am Sonntag den 3ten diß Lauffenten Monnaths dergleichen Marckht, und Monntag den 4ten hienach zu Rotting gewesen. Zu Röz aber ist solcher Marckht künfftigen Pfingsttag, als den 21. diß, mithin wür zu alhiesigen Monathl(ichen) Viech Märckhten den Ertag Vor denen Rözer Märckhten aus ersehen: auch auf zu Rädt stöllen Unser Undgebnen Mit Burger Und Mözger bemelten Tage zum besten gehalten haben, in ansehung, weillen der Camauer schon auf den Rottinger Marckht gericht ist. Daß der dißorthige auf den Rözer gelögt werden solle, damit die Viech Käufferod(er) treiber amein od(er) andern Marckht füeglich besuochen khönen, mit der Underthennigen Erinnerung, daß gedacht Unsre Mözgern nit Zweiflen will, wan die alldasige Monnathl(iche) oxen- od(er) Viech Märckht auf angeregten Ertag Vor dem Rözer Marckht gelegt, daß selbe den erwinscht(en) erspriesslichen fortgang gewinnen werden; also Euer Gnaden Underthennig gehorsambl(ich) bitten, den hierüber Zuerstatten habenten Bericht dahin ohnmaßgebl(ich) einrichten z(u)lassen, daß höchsten orths die allhiesige Märckht auf erdeutten Ertag Vor den Rözer Marckht g(nä)digist Verwilliget werden mechte; Darmit Eu(r)e Gnaden zu beständig högsten Gnaden Underthennl(ich) gehorsambl(ich) Uns empfehlchent. Kötzting den 6ten Febr(uar) a(nn)o 1732.

Undthennig(e) Gehorsamb(liche) Camerer

Holzmarkt in Passau

Jährlich zweimal im Dezember

Passauer Fußgängerzone

Gebrauchswaren aus Holz

Rückverfolgbar bis ins 16. Jahrhundert

Alljährlich im Dezember, in der vorweihnachtlichen Zeit, werden in der Passauer Fußgängerzone der Große und Kleine Holzmarkt abgehalten. Die verschiedensten Waren aus Holz gefertigt, werden zum Verkauf angeboten. Vom Krautfaß über Reisigbesen, Eisstöcke, Körbe in vielen Variationen, Holzschuhen, Küchengerät, Bürsten und Besen bis hin zu Zierrat und Souveniers ist alles auf dem Markt zu finden. Viele Kunden kommen aus dem Passauer Umland und dekken sich wieder für ein Jahr mit Holzwaren ein. Bei den Körben, ursprünglich bäuerliches Gerät, tritt eine starke Käuferschichtverschiebung auf, die Stadtbevölkerung zeigt jetzt großes Interesse an Korbwaren.

In den Passauer Stadtakten wird der Holzmarkt erstmals im 16. Jahrhundert erwähnt, wahrscheinlich erstmals 1545. Dieser Markt scheint jedoch wieder aufgehoben worden zu sein, da im Jahre 1822 ein Holzmarkt neu errichtet wurde, nachdem die Bevölkerung das Fehlen eines solchen beklagte. Er wurde dreimal im Jahr abgehalten.

Doch auch dieser Markt scheint wieder abgeschafft worden zu sein. 1870 wird neuerdings ein Holzmarkt errichtet, nachdem sich die Bevölkerung mit einer Unterschriftenaktion beim Stadtmagistrat beschwerte. Trotzdem schlief auch dieser Markt wieder ein.

1878 erscheint erstmals der auch heute noch übliche alljährliche Holzwarenmarkt, allerdings in Verbindung mit dem Kleinen und Großen Schweinemarkt. Beide wurden in der Adventszeit abgehalten. Nach dem 2. Weltkrieg verschwand dann der Schweinemarkt und der Holzmarkt erhielt ab diesem Zeitpunkt wieder seinen eigenen Namen – nämlich »Großer und Kleiner Holzmarkt«.

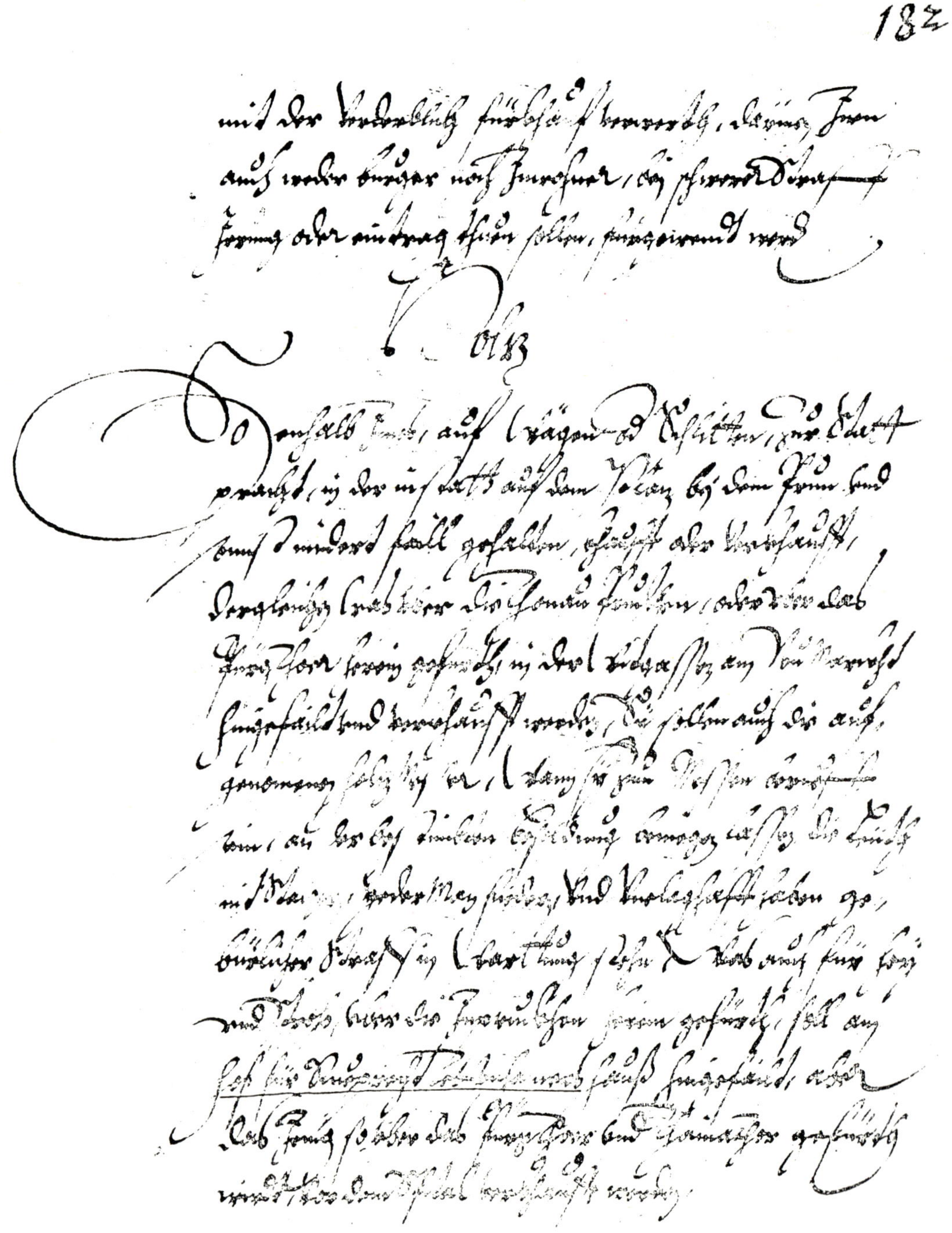

Text des historischen Dokuments

Holz

So enhalb Innes, auf Wägen oder Schlitten, zur Statt pracht [soll], *in der instatt auf dem Plaz bei dem Prun und sonnst .... faill gehalten, khaufft oder Verkhaufft, dergleichen was uber die Thonau Pruckhen, oder uber das Purg Thor herein gefürth, in der Witgassen am Neu Marckht hingefailt und verkhaufft werden. Sy sollen auch die aufgenomenen Holz Messer, wann sy zum Messen beruefft sein, an der bestimbten Besoldung bemögen lassen, die Leüth nit Staigern, Jeder Man findern* [hindern], *Und Verlaghafft haben gebürlicher Straff in Warttung stehn. Was auch für hey und Strohs uber die Inpruckhen herein gefürth, soll am Hof für Rueprecht Tottenhamers hauß hingefailt, aber das Jenig so uber das Pürg Thorr und Thaina Thor gefürth wird, vor dem Spital verkhaufft werden.*

TCHIBO
SCHUHE

Silvester-Programm
Ausstellung Sepp Auer
Theater im
BIHLMAIER

Wochenmarkt in Bamberg

Jeden Tag – außer Sonntag, Mittwoch und Samstag – Hauptmarkttage

Maxplatz in Bamberg

Lebensmittel – Pflanzen und Blumen

Bereits im 16. Jahrhundert erwähnt

Bamberg war schon in alter Zeit wegen seiner Gärtnereien berühmt. Josef Heller schreibt 1831 über die Bamberger: »Die thätigste und zahlreichste Klasse sind hier die Gärtner, aus 420 Meistern bestehend, welche mit den von ihnen selbst erbauten Produkten nicht nur die Stadt und Umgebung versehen, sondern auch einen sehr ausgebreiteten Handel mit Sämereien und Süßholz nach Sachsen, Preußen, Oesterreich etc. betreiben.«

Lateinische Lobgedichte gedenken dieser Stadt mit Auszeichnung. Magister Johannes Bonius, des fürstlichen Collegii Professor meldet von den in Bamberg, meist in der Siechgasse wohnenden Gärtnern, daß diese »alle vil unterschiedliche Früchte, Blumen, Kräuter und unter denen sonderlich das Süßholz mit Fleiß aufziehen und bauen und fürten auf den Markt in der Keßlergassen sowohl inwendig als außwendig alle tage nach jedes notdurfft in leidlichem Werthe verkauften«.

Im 16. Jahrhundert fand der Wochenmarkt in der Keßlergasse statt. Nach der Säkularisation wurde er auf den, durch den Abriß der Martinskirche geschaffenen Maxplatz verlegt. Vielleicht auch auf Grund von Beschwerden der Anlieger, wie ein Brief von 1720 zeigt.

Ab 1938 wurde der Wochenmarkt auf der Promenade abgehalten. Ein Platz mit vielen schattenspendenden Bäumen, den die Bevölkerung als Marktplatz schnell ins Herz schloß. So gab es auch Proteste – als der Wochenmarkt 1971 wieder an den Maxplatz zurückverlegt wurde.

Der Wochenmarkt ist unterteilt in Kleinhändler und Erzeuger. Mittwoch und Samstag sind Hauptmarkttage, dadurch ist das Warenangebot vielseitiger und von größerer Menge. Je nach Jahreszeit werden auch Geflügel, Eier, Pilze, Beeren etc. angeboten.

Der grüne Markt – Warenangebot: Blumen und Pflanzen – erstreckt sich vom Maxplatz zur Lange Straße und bildet nach einer Beschreibung: »die Hauptverkehrsader und die beste Geschäftslage der Stadt und führt den Namen von den Vorräthen an Gemüsen, Grünzeug, Grünwaaren, welche die Gärtner auf improvisierten Holztischen, Schubkarren, in Butten, Körben, Kötzen, Schönzen, Kreben, Kretzla, Metzla, Zennen und in Reisten in dieser Straße feilhalten«.

Heute ist das Marktbild wohlgeordnet und auch die Waren werden auf ordentlichen Holztischen angeboten. Reizvoll und atmosphärisch wird der Markt jedoch, wenn man plötzlich zwischen den festen Ständen eine Marktfrau entdeckt, die ihre Pilze und Beeren immer noch in Körben oder auf einem improvisierten Marktstand anbieten.

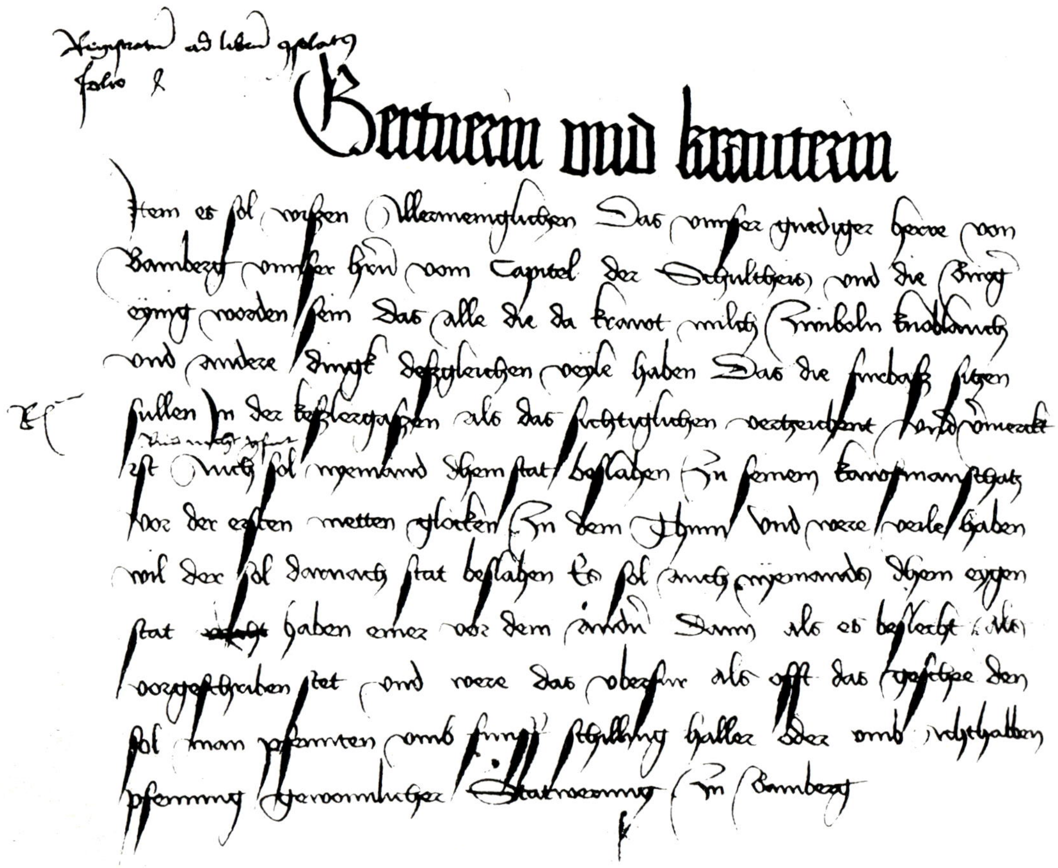

Text des historischen Dokuments

Gärtnerin vnd Krauterin
Item es sol wißen Allermeniglichen, Das vnnser gnediger Herre von Bamberg, vnnser Herren vom Capitel, der Schultheis vnd die Burger eynig worden sein, das alle, die da Krawt, Milch, Zwibeln, Knoblauchvnd andere Dingk deßgleichen veyle haben, Das die furbaß sitzen sullen in der Keßlergaßen, als das sichtiglichen vertzeichnet vnd vermerckt ist (späterer Einschub: vnd nicht herfur). Auch sol nyemand dhein stat beslahen zu seinem Kawfmanschatz vor der ersten Metten glocken zu dem Thum, vnd were veile haben wil, der sol darnach stat beslahen. Es sol auch nyemands dhein eygen stat haben einer von dem andern dann als es beslecht, als vorgeschrieben stet vnd were das vberfur, als offt das geschee, den sol man pfennten vmb funff schilling Haller oder vmb achthalben pfennig gewonnlicher Statwerung zu Bamberg

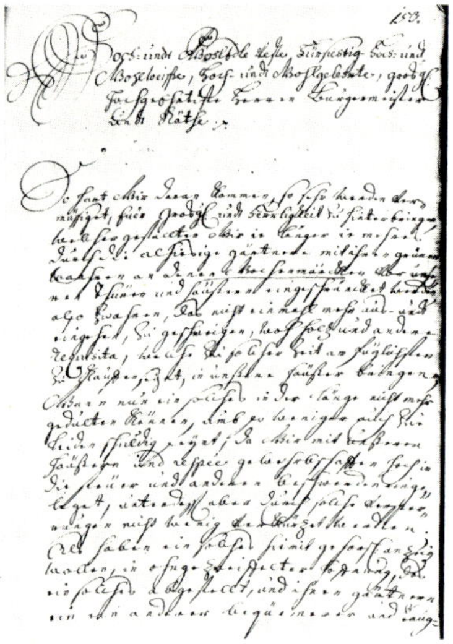

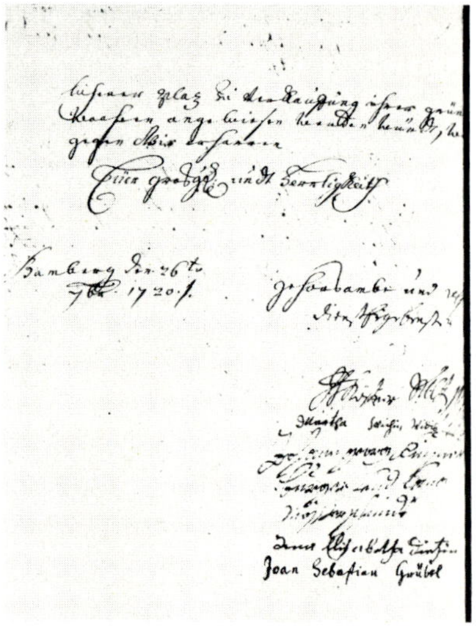
Bamberg den 26ten 7bris 1720.
Joan Sebastian Gräbel

Text des historischen Dokuments

Hoch= undt Wohledle, Veste, Fürsichtig-Hoch= undt Wohlweiße, Hoch- undt Wohlgelehrte. Grosgünstige, Hochgeehrteste Herren Burgermeister undt Räthe etc. So hart wir daran kommen, so sehr werden vermüssiget, Eüer Grosgunst und Herrlichkeit zu hinterbringen, welchergestallten wir ie länger ie mehres durch die alhiesige Gärtnere mit ihren grünen Waahren an denen Wochen=Märcken vor unseren Thüren und Häusern eingeschräncket werden, also zwahren, das nicht einmahl mehr aus- undt eingehen, zu geschweigen, woh Holz und andere Requisita, welche zu solcher Zeit am füglichsten zu kauffen seynt, in unsere Häuser bringen; Wann nun ein solches in der Länge nicht mehr gedulten können, umb so weniger auch zue leiden schuldig seynt, da wir mit unßeren Häußern und respective Gewehrbschaften hoch in die Steüer und anderen Beschwerden eingeleget, unterdessen aber durch solche Versperrungen nicht wenig verkürzet werdten.

Als haben ein solches hiemit gehorsamst anzeigen wollen, in ohngezweiffelter Hoffnung, das ein solches abgestellt, und ihnen Gärtnern ein ein anderer beqüemerer und tauglicherer Plaz zu Verkauffung ihrer grünen Waahren angewiesen werden würdt, worgegen wir erharren

Eüer Grosgunst undt Herrligkeith
Bamberg, den 26ten
Septembris 1720 ./.
gehorsambe und respective
dienstergebenste
J. H. Köstner m. p.
Martha Wichin, Wittib
Johann Georg Kinscher, Burger
und Langmösserschmidt
Ana Elisabetha Dietzin
Joan Sebastian Grübel

EVERSUN

1,20

Viktualienmarkt in München

Jeden Tag außer Sonntag

Viktualienmarkt

Lebensmittel, Gemüse, Obst, Wein, Blumen

Seit 1808 an diesem Platz

Schon Karl Valentin beschreibt die treffende und deftige Ausdrucksweise der Münchner Marktfrauen. Bis heute hat sich daran nichts geändert wie folgende Episode zeigt: Ein junger Mann kauft Kiwi-Früchte und dreht sie noch etwas zögernd und begutachtend in der Hand. Daraufhin ermuntert ihn die Standlfrau, »a bisl haarig sans scho, aber wo koane Haar' san is a koa Freid«.

Kaiser Ludwig der Bayer übertrug 1315 auf den Hauptplatz Münchens die »Marktfreiheit«. Gehandelt wurden Getreide, Fleisch und andere Lebensmittel, aber auch Vieh und Pferde.

Mit dem Anwachsen der Stadt und der Zunahme der Bevölkerung breitete sich das Marktwesen auf alle großen Plätze und Straßen aus. Nur der Eier- und Kräutlmarkt fand auf festen Plätzen statt. Die Händler verkauften, wo sie gerade wollten, vorwiegend vor Kirchen. Ihre Kundschaft: tägliche Kirchgänger. So mußte schon im 16. Jahrhundert eine Marktordnung geschaffen werden, um dem ungeordneten Treiben Einhalt zu gebieten. Das tägliche Marktgetriebe verlegte sich immer mehr in Richtung »Alter Peter« und Umgebung. Anfang des 19. Jahrhunderts wurde auch dort der Handel verboten und 1807 auf den Hof des ehemaligen Heilig-Geist-Spitals verlegt.

Im Zuge des sich ausweitenden Marktes mußten etliche der umliegenden nicht mehr benötigten Gebäude abgerissen werden. So konnte auch der Klage der Pfarrei Heilig-Geistkirche stattgegeben werden, den Platz vor der Kirche von jeglichem Handel freizuhalten.

Die Inhaber der ständigen Buden waren beim Verkauf der einzelnen Viktualienarten an

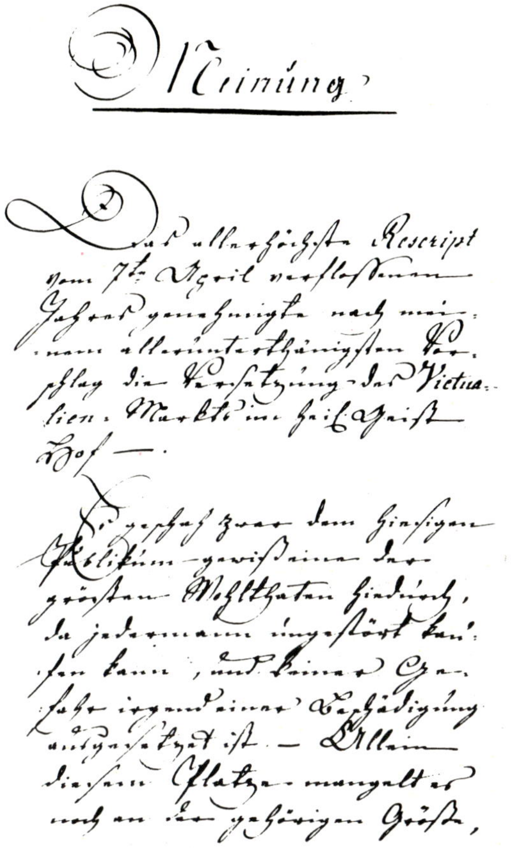
Meinung

Das allerhöchste Rescript
vom 7t. April verfloßenen
Jahres genehmigte nach mei-
nem allerunterthänigsten Vor-
schlag die Versetzung des Victua-
lien=Markts im Heil.Geist
Hof —

Es geschah zwar dem hiesigen
Publikum gewiß eine der
größten Wohlthaten hiedurch,
da jedermann ungestört kau-
fen kann, und keiner Ge-
fahr irgend einer Beschädigung
ausgesezt ist. — Allein
diesem Platze mangelt es
noch an der gehörigen Größe,

Text des historischen Dokuments, den Marktplatz betreffend

Meinung 1. Dezember 1808
Das allerhöchste Rescript vom 7. April verfloßenen Jahres genehmigte nach meinem allerunterthänigsten Vorschlag die Versetzung des Viktualien=Markte im Heilig-Geist Hof.
Es geschah zwar dem hiesigen Publikum gewiß eine der größten Wohltaten hiedurch, da jedermann ungestört kaufen kann, und keiner Gefahr irgend einer Beschädigung ausgesetzt ist. – Allein diesem Platze mangelt es noch an der gehörigen Größe, Bequemlichkeit, vorzüglich aber an Schönheit.
Man ist überzeugt, daß Concurrenz das einzige Mittel ist, wodurch die Preise der Waren aller Art aufs genaueste bestimmt werden können: daher sollen alle Viktualien, wie sie immer Namen haben mögen, an einem Platze zum Verkaufe versammelt werden.
Man hat dieses zwar so viel möglich herzustellen versucht, allein Mangel an Raum, an gehöriger Einrichtung waren noch immer die Ursache, warum man den Kräutermarkt, den Fischmarkt, den Verkauf des fremden Brodes, wie auch einen Theils des Obstes etc. etc. an verschiedenen Orten zerstreut findet. –
Es ist also großes Bedürfnis den gegenwärtigen Marktplatz, um alle Eßwaren unterbringen zu können, zu vergrößern und mit den gehörigen Bögen und Gewölben zu versehen.

eine bestimmte Einteilung der Plätze gebunden, nur in einigen Ständen durften sämtliche auf dem Markt zugelassenen Lebensmittel feilgehalten werden.

Schon 1808 wurden die Grundgesetze der freien Marktwirtschaft erkannt. In einem Gutachten über das »Sanierungsgebiet« Viktualienmarkt wird bemerkt »Man ist überzeugt, daß Concurrenz das einzige Mittel ist, wodurch die Preise der Waren aller Art aufs genaueste bestimmt werden können: daher sollen alle Viktualien, wie sie immer Namen haben mögen, an einem Platze zum Verkaufe versammelt werden«.

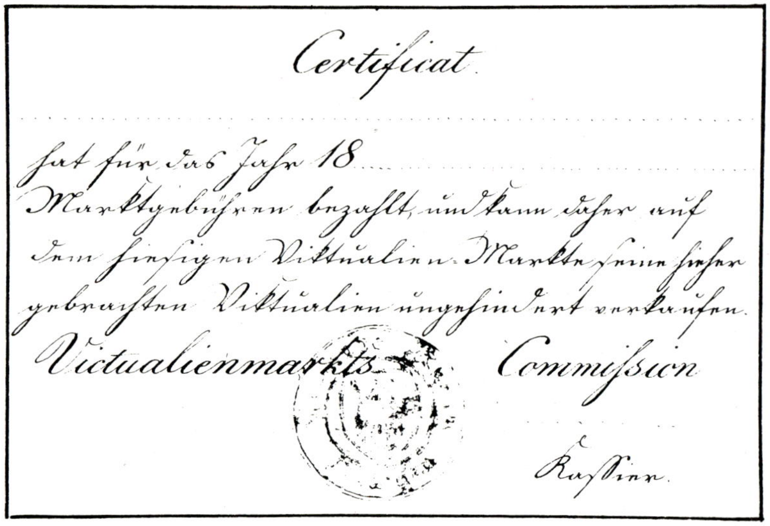

Certificat

hat für das Jahr 18 .... Marktgebühren bezahlt, und kann daher auf dem hiesigen Viktualien-Markte seine hieher gebrachten Viktualien ungehindert verkaufen.

Victualienmarkts-Commission

Kassier.

Markt = Ordnung

für

die königliche Haupt= und Residenzstadt München.

§. 1.

Der Viktualien = Markt bleibt auf dem Platze hinter der heiligen Geistkirche; wird übrigens die nöthige Erweiterung erhalten.

Den hiesigen bürgerlichen Stadtgärtnern bleibt zum Verkaufe ihrer Produkte auch der ihnen bisher eingeraumte Platz auf dem vormaligen Eyermarkte vorbehalten.

Der Markt für Fische, Krebse, Schnecken und Frösche befindet sich am Fischbrunnen auf dem Schrannenplatze.

Der Heu= und Strohmarkt wird bey der Heuwage auf dem Anger gehalten.

Zum Verkaufe des Holzes soll nicht nur der Platz vor dem Karls = und Isarthore, sondern auch der ganze freye Raum in der neuen Anlage vor dem Sendlingerthore benützet, das auf der Isar ankommende Holz aber kann unter der erforderlichen Aufsicht auf der Lände selbst verkauft werden.

Der Kohlenmarkt ist an dem Isarufer oder auch an andern Orten außerhalb der Stadt.

§. 2.

Hohe Festtage ausgenommen, wird täglich Markt gehalten. Derselbe beginnt, sobald es heller Tag geworden ist, und endiget sich erst mit dem Untergange der Sonne. Der Heu= und Strohmarkt wird am Dienstage und Freytage in jeder Woche gehalten.

§. 3.

Alle Lebensmittel, welche, auf den hiesigen Markt bestimmt, der Stadt zugeführt werden, so auch Heu, Stroh, Holz und Kohlen dürfen weder vor den Thoren, noch überhaupt in einem Umkreise von zwey Stunden auf dem Wege hieher aufgekauft werden. Solche Aufkäufer sollen mit Geld= oder Arreststrafen belegt werden, und eben diese Strafen treffen auch diejenigen Individuen, welche ihre Waaren in der Stadt oder in den Vorstädten herumtragen oder fahren, anstatt dieselben auf dem bestimmten Marktplatze zum öffentlichen Verkaufe auszustellen.

Nur Beeren, Frühlings = Salat und ähnliche Gegenstände mögen ausnahmsweise zum Verkaufe herumgetragen und ausgeboten werden.

§. 4.

Alle Verkäufer nehmen, so wie sie ankommen, den zum Verkaufe ihrer Waaren bestimmten und noch nicht besetzten Platz in doppelten gegeneinander gekehrten Reihen, nach der Anordnung der Markts = Inspektion ein, bis sie den Markt wieder verlassen, ohne während der Marktzeit diesen Platz zu verändern.

An zwey Orten zu verkaufen ist, mit Ausnahme der hiesigen bürgerlichen Stadtgärtner und derjenigen Verkäufer, für deren verschiedene Waaren auch verschiedene Marktplätze bestimmt sind, Niemanden gestattet.

§. 5.

Das Schmalz, welches Viktualienhändler hieher bringen, haben dieselben zum Verkaufe in die Schmalzwage zu führen, wo der Reihe nach täglich ein anderer von ihnen den ersten Platz mit seinem Schmalze einnimmt.

Auf dem Viktualienmarkte selbst darf das Schmalz nur gußweise, entweder nach dem Gesichte oder auch nach dem Gewichte des Ganzen verkauft werden.

§. 6.

Die Lebensmittel, welche zu Markte kommen, hat die Markts = Inspektion, bevor sie zum Verkaufe ausgestellt werden, und zwar erforderlichen Falls mit Zuziehung von Sachverständigen, genau zu untersuchen.

Was nicht die erforderliche, natürliche Beschaffenheit und Güte hat, darf nicht zum Verkaufe gelassen, das der Gesundheit Schädliche muß sogleich mit Beschlag belegt, die Person, die dasselbe zu Markte brachte, nach summarischer Untersuchung mit Geld= oder Arreststrafe beahndet, die schädliche Waare selbst — wozu alle giftige Substanzen, wenn sie auch nur als solche verkauft werden, z. B. Fliegenschwämme, gehören — vernichtet werden.

§. 7.

Die Waare, welche einmal auf den Markt gestellt ist, muß demjenigen, der sie zu kaufen sucht, ohne Rücksicht der Person frey stehen, und darf vor Niemanden auf irgend eine Weise versteckt werden. Die Ausflucht, daß dieselbe schon bestellt, oder schon verkauft sey, findet nicht Statt, auch kein Vorzugs= oder Einstandsrecht des Käufers. Während Jemand um Viktualien handelt, darf kein Dritter in den Handel einreden, oder ein höheres Angebot legen, weder durch Worte, noch durch Zeichen.

Die gegen diese Bestimmungen handelnden Personen haben Geld= oder Arreststrafe zu gewärtigen.

§. 8.

Alle Gegenstände, welche auf den Markt gebracht worden sind, müssen den ganzen Tag über zum Verkaufe ausgestellt bleiben. Was nicht verkauft werden konnte, muß der Markts = Inspektion zur sorgfältigen Aufbewahrung in dem hiezu zweckmäßig eingerichteten Viktualien = Gewölbe übergeben, und am andern Tage unfehlbar wieder auf den Markt gestellt werden.

In Privathäuser darf bey Vermeidung obenbenannter Strafen nichts eingestellt werden.

§. 9.

Jeder, der Lebensmittel entweder selbst erzeugt, oder in gesetzlicher Weise auf dem Lande erhandelt, darf dieselben täglich zum Verkauf auf den Viktualienmarkt bringen. Auch darf allerhöchster Verordnung gemäß, Niemand durch Patente, noch durch Ausnahmen, oder andere Hindernisse hierin beschränkt oder belästiget werden. Es bleibt lediglich dem eignen Ermessen der Verkäufer überlassen, sich von ihren Polizey = Behörden Vorweise ertheilen zu lassen, um besonders auf dem Wege in die Hauptstadt jeden möglichen Anständen oder Irrungen zu begegnen.

Dagegen sollen sie, so lange nicht besondere Anzeigen oder Verdachts = Gründe gegen sie vorliegen, von der hiesigen Polizeybehörde mit jeder Anforderung schriftlicher Legitimationen verschont werden, jedoch verbunden seyn, auf amtliches Befragen Namen und Wohnort, überhaupt ihre persönliche Verhältnisse anzugeben.

§. 10.

Nur diejenigen Individuen, welche für hiesige Garteneigenthümer oder deren Pächter auf dem Viktualienmarkte verkaufen wollen, bedürfen eines Zeugnisses von dem Eigenthümer oder Pächter, welches übrigens letztere auch mündlich bey der Markts = Inspektion ablegen können, die alsdann diese Erklärung in ihr Tagbuch einträgt.

§. 11.

Denjenigen Personen, welche so viele Viktualien auf den Markt bringen, daß sie dieselben an einem Tag nicht verkaufen können, sondern in dem Viktualien = Gewölbe niederlegen müssen, ist es verstattet, eine eigene Person aufzustellen, welche den Rest an den folgenden Tagen, jedoch nicht auf eigene, sondern auf Rechnung der Deponenten, auch nicht zu gleicher Zeit mit letzteren, respect. nicht an zwey Orten verkaufen darf. Solche Personen sind übrigens jedesmal der Markts = Inspektion anzuzeigen, und in dem Falle, wenn sie einen Handel auf eigene Rechnung treiben würden, nicht mehr zuzulassen, vielmehr als Unterhändler mit der im §. 14. bestimmten Strafe zu belegen.

§. 12.

Wenn Herrschaften, Gasthöfe, überhaupt Häuser, welche einen bedeutenden Bedarf haben, zum Einkaufe eigne Personen aufstellen, so sind auch diese von der Markts = Inspektion genau zu beaufsichtigen, damit sie sich nicht eigenen Handel anmassen, in welchem Falle sie gleichfalls als Unterhändler bestraft würden.

§. 13.

Personen, welche aus dem Grunde eines speziellen Gewerbrechts, Viktualien zum Wiederverkaufe einzukaufen befugt sind, als die Melber, Salzstößler, Fragner, Geflügelhändler, Krämmer, Obstler, Krauthändler und Fischer (für letztere besteht überdieß die im §. 16. angeführte Beschrenkung) dürfen sich vor 10 Uhr nicht auf dem Viktualienmarkte zum kaufen einfinden, oder andere Personen für sich einkaufen lassen. Nichtweniger ist es ihen verboten, in den Gärten oder auf den Feldern innerhalb des hiesigen Stadt = Burgfriedens aufzukaufen, oder sich hiezu anderer Personen zu bedienen. Dabey versteht es sich von selbst, daß sie auch dem im §. 3. enthaltenen allgemeinen Verbote des Aufkaufs der auf dem Wege zum hiesigen Markte befindlichen Waaren unterworfen sind.

Sollten sie gleichwohl gegen diese, vermög besonderer allerhöchster Befehle auf das strengste zu handhabenden Bestimmungen handeln, überhaupt auf irgend eine Weise dem freyen Marktverkehre nachtheilig werden, z. B. in der ihnen zum Einkaufe freygegebenen Zeit durch Einfallen in den Kauf anderer, Ueberbieten, Steigern, und sonstige Gefährden auf die Preise der Lebensmittel zu wirken suchen, so sollen sie unnachsichtlich die empfindlichsten Geld= oder Arreststrafen, und falls diese auch in höhern Graden unwirksam bleiben sollten, selbst ihre gänzliche Entfernung für immer vom hiesigen Markte zu gewärtigen haben.

§. 14.

Dieselben Strafverfügungen, und zwar noch in höheren Graden sollen gegen Unterhändler eintreten, welche eine Befugniß des Einkaufes zum Wiederverkaufe gar nicht besitzen. Solche Personen sollen auch nicht nur sogleich vom Markte weggewiesen, sondern, wenn wiederholte Geld = oder Arreststrafen nichts gegen sie fruchten, mit der Konfiskation der von ihnen zum Wiederverkaufe angekauften Waaren unnachsichtlich bestraft werden.

Auch Kinder sind weder als Käufer noch als Verkäufer auf dem Markte zu gedulden.

§. 15.

Fische dürfen im Allgemeinen nicht bloß an gewissen, sondern an allen Marktägen zum Verkaufe gebracht werden. Sie müssen übrigens das in der Landes = Polizeyordnung im 4ten Buche 9ten Titel vorgeschriebene Maß haben, und ebenso sind die dort enthaltenen Bestimmungen hinsichtlich der Jahreszeiten, in welchen gewisse Fischarten auf den Markt gebracht werden dürfen, genau zu beobachten. Abgestandene und faulende Fische sollen vernichtet werden.

§. 16.

Weder hiesige noch benachbarte Fischer dürfen auf dem hiesigen Markte andere als hochgiltige Fische, nämlich Hechte, Waller, Renken, Forellen, Aale, Karpfen, und auch diese nur nach 10 Uhr kaufen.

§. 17.

Auf dem Heumarkte darf kein ersticktes oder nasses, überhaupt kein ungesundes Heu gebracht werden.

§. 18.

Das Scheit= und Stockholz kann nach dem Maße, oder auch ungemessen verkauft werden; muß aber stäts die vorgeschriebene Scheiterlänge von 3½ baierischen Schuh haben. Wer kürzeres Holz auf den Markt bringt, unterliegt Geld= oder Arreststrafen.

§. 19.

Zum Holzmessen sind eigene Holzmesser aufgestellt, welche mit geeichten, eisernen Maßstaben versehen, sich da, wo Holz verkauft wird, zum Dienste bereit zu halten haben, ihren Dienst aber Niemanden aufdringen dürfen. Der Messerlohn, welchen in der Regel der Käufer zu bezahlen hat, beträgt 6 kr. vom ganzen Klaster sowohl in als ausser der Stadt.

§. 20.

Die Bierbrauer, Essigsieder, Brandweinbrenner, Bäcker und Ziegelbrenner, so wie die Holzhändler dürfen vor 10 Uhr kein Holz auf dem Markte kaufen, oder durch andere aufkaufen lassen, bey Vermeidung empfindlicher Geld= oder Arreststrafen, und soviel die Holzhändler betrift, nach fruchtlos erlittenen Geld= oder Arreststrafen, bey Verlust ihrer Holzhändlers Befugniß.

Nürnberger Christkindlesmarkt

Täglich während der Adventszeit

Auf dem Hauptplatz in Nürnberg

Christbaumschmuck, Krippen, Nürnberger Spezialitäten, Glühweinausschank

Urkundlich erwähnt 1610

Immer mehr wird der Nürnberger Christkindlesmarkt ein Fremdenverkehrsereignis. Dicht an dicht schieben sich die Menschen durch die Budenstadt vor der Frauenkirche und dem Schönen Brunnen, um einzukaufen oder um sich von der Atmosphäre und dem Zauber dieses traditionellen Marktes einfangen zu lassen. Das Sortiment der angebotenen Waren besteht zu einem Drittel aus Nürnberger Spezialitäten, Lebkuchen, Früchtebrot, Glühwein, Rostbratwürsten und den berühmten Zwetschgenmännle. Der Rest sind Christbaumschmuck, Krippen, Souveniers und Geschenkartikel.

O Vatter dös Theater kaf mer. ih mach der a Present. derführ
Eu oft ih thou Kameidi spielen. su gröigst a Freibbillet von mir.

Aus der Stadtgeschichte Nürnbergs ist das genaue Entstehungsdatum des Marktes nicht zu erkennen. Wahrscheinlich entstand der Christkindlesmarkt kurz vor dem Dreißigjährigen Krieg, zu Anfang des 17. Jahrhunderts.

Die älteste, bekannte Erwähnung ist ein Ratserlaß vom 22. Dezember 1610. Damals ließ der Rat die »schandbar gemalten Schnitzwerke« des Drechslers Jobst Friedrich Entner auf dem Markt beschlagnahmen. Der Sünder wurde bestraft, weil er ausgerechnet zum »Kindleinbescheren« unzüchtige Scherzartikel anbot. Es handelte sich um Kästchen und Büchslein, »auch auf Vogelhäuslein gemacht«, aus denen beim Öffnen schockierende Dinge sprangen.

Ein anderer früher Beleg stammt vom Heiligen Abend des Jahres 1616. Pfarrer Lüder von der Sebalduskirche berichtet in seiner Chronik, daß er gezwungen war, die Vesper- oder Nachmittagspredigt ausfallen zu lassen, weil »wegen des Einkaufens zum Kindleinbescheren keine Leut vorhanden gewest«.

Daß für die Weihnachtsmesse oder den Christkindlesmarkt erst Anfang des 17. Jahrhunderts Bedarf vorhanden war, hängt mit dem Einfluß der Reformation im späten 16. Jahrhundert zusammen.

Erst zu dieser Zeit wurde es üblich, die Kinder am Heiligen Abend zu bescheren. Zuvor wurden die Kinder am Neujahrstag beschenkt.

Der Reformator Martin Luther ließ seine eigenen Kinder 1545 vom »Heiligen Christkind« bescheren. Dieser Brauchtumswechsel wurde von der Oberschicht, den Ratsherren und Patriziern übernommen. Aus alten Haushaltsrechnungen, z.B. des Nürnberger Ratsherrn Paulus Behaim, ist zu ersehen, daß er die Auslagen zum »Kindleinbescheren« 1565 schon am 23. Dezember notierte, während 1564, also ein Jahr zuvor, die gleichen Ausgaben erst zwischen dem 23. und 31. Dezember vermerkt sind. Am 23. Dezember 1566 bezahlte die Ehefrau, »so die Kinder beschert hat«, einen Gulden, fünf Schilling und 16 Pfennige, »für zwei Schlitten und für Haarband, Messer, Docken (Puppen), Spiegel und Anderes«. Bis der Brauch, an Weihnachten zu Schenken, vom Volk übernommen wurde, dürfte es wohl Anfang des 17. Jahrhunderts geworden sein.

1738 waren, wie aus einer Liste zu ersehen ist, 140 Personen berechtigt, ihre Buden auf dem Markt aufzustellen. Unter anderem waren die Alabasterer, Bürstenbinder, Buch-

binder, Drechsler, Flaschner, Goldschmiede, Haubenmacher, Heftleinmacher, Messerschmiede, Porzellanhändler, Rotschmiede, Spiegler, Wachspoussierer und Zirkelschmiede vertreten.

Der Christbaumschmuck, heute besonders vielfältig auf dem Christkindlesmarkt angeboten, dürfte nicht viel länger als seit hundert Jahren gehandelt werden, da der Christbaum selbst, erst im Lauf des 19. Jahrhunderts in die deutschen Weihnachtsstuben Einzug hielt.

Der Nürnberger Christkindlesmarkt hat mit der Zeit seine ursprüngliche wirtschaftliche Bedeutung verloren. 1898 wurde er vom Hauptplatz an die Schutt verlegt. 1919 fand er seinen Platz vor dem Gewerbemuseum und 1923 im damals leerstehenden Verkehrsmuseum. Erst in den Dreißiger Jahren kehrte er auf den Hauptplatz zurück. Dort ist er nach einer kriegsbedingten Unterbrechung seit 1948 wieder Anziehungspunkt für Nürnberger und Fremde. 1975 wurden $2^1/_2$ Millionen Besucher gezählt.

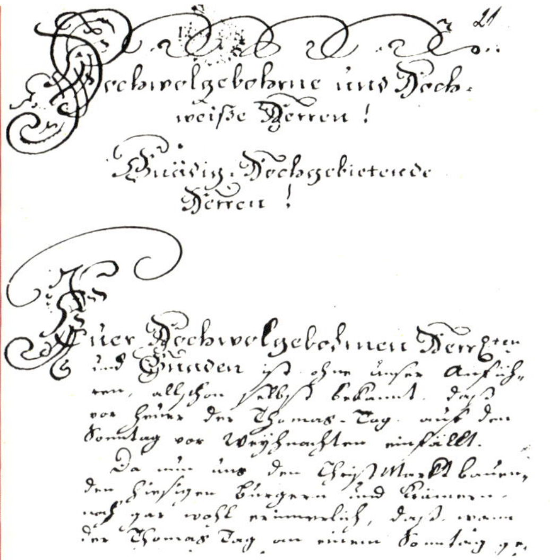

Hochwolgebohrne und Hochweiße Herren!
Gnädig Hochgebietende Herren!
Euer Hochwolgebohrnen Herrn und Gnaden ist ohne unser aufführen all schon selbst bekannt, daß vor heuer der Thomas-Tag, auf den Sonntag vor Weyhnachten einfällt.
Da nun uns den Christ-Markt bauen den hiesigen Bürgern und Krämern noch gar wohl erinnerlich, daß wann der Thomas Tag an einen Sonntag ge…

Hochwolgebohrne und Hochweiße Herren!
Gnädig Hochgebietende Herren!

Euer Hochwolgebohrnen Herrn und Gnaden ist ohne unser aufführen all schon selbst bekannt, daß vor heuer der Thomas-Tag, auf den Sonntag vor Weihnachten einfällt. Da nun uns den Christ-Markt bauen den hiesigen Bürgern und Krämern noch gar wohl erinnerlich, daß wann am Thomas Tag an einen Sonntag gefallen, uns öfters gnädig erlaubt worden, unser feilschaften, nach geändigten Sebaldus- und Frauen Kirch Früh-Predigt auszulegen und sowohl an hiesige Zuwohnern, als an das auch von entfernten Orten herein kommende Land- und Bauern-Volk, woweilen solche außer diesen Tag, sonst keine Zeit übrig haben hereinkommen zu können, verkaufen zu dürfen.
So wagen wir es Euer Hochwohlgebohrnen Herrn und Gnaden hiermit unterthänig anzugenen und zu bitten uns auch wiederum für heuer diese Oberherrl: Gnade, nach der Früh-Predigt unsere Kram-Laden eröfnen zu dürfen, allermildest angedeihen zu lassen, und zwar in Rücksicht, weil nicht nur alle Nahrungen und Gewerb ohnehin sehr danieder liegen und jedes von uns nach Verdienst seufzet, sodann auch weil schon einige Jahr her, der Christmarkt sehr schlecht ausgefallen, und wenn an den Thomastag, wo man doch gegründete Hofnung haben kann, durch die von entfernten Orten sich hier einfindenden Personen und hauptsächlich von der benachbarten Land- und Bauers-Leuten, größere Verschließung und Verdienst zu bekommen, der Verkauf nicht verstattet werden sollte, wir fast nicht im Stande wären, nur die herkömmlichen Unkosten zu bestreiten und am Ende gar nicht mehr den Christmarkt bauen könnten.
Gleichwie wir nun an gnädiger Willfahrung nicht zweifeln, als werden wir auch diese große Gnade jederzeit mit unterthänigem Dank verehren, und Zeit Lebens in tiefschuldigster supmission verharren.
Euer Hochwolgebohrnen
Herr und Gnaden
unterthänig-Treu-gehorsamste Bürgrer
sämtliche Feilhaber auf dem Christ-Markt

Nürnberg